大学における
ライティング支援

どのように〈書く力〉を伸ばすか

関西大学ライティングラボ・津田塾大学ライティングセンター 編

東信堂

はじめに

髙橋裕子

　本書は、関西大学と津田塾大学の「大学間連携共同教育推進事業」として、2012年度から5年間にわたって取り組んだ「〈考え、表現し、発信する力〉を培うライティング／キャリア支援」（文部科学省採択）の集大成ともいえる一冊である。

　津田塾大学側の取組責任者として、ここでは取組の端緒について、個人的なことも含めて記しておきたい。新たな人びととの出会いや交流から創造的な取組、ひいては優れた教育が生まれるということを確認しておきたいからだ。

　ライティングセンターを津田塾大学に作りたいと思ったきっかけは、2006年に開催したライティングに関するシンポジウムだった（文部科学省「特色ある大学教育支援プログラム（特色 GP）」に採択された「発展し続ける英語教育プログラム」）。本学学生のための夏の語学研修プログラムを共同開発してきた米国インディアナ大学のウラ・コナー教授が、シンポジウムのなかで言及したライティングセンターの考え方にインスピレーションを受けた。「添削は行わず、自立した書き手を育てる」母語でのライティング支援について詳しく学んだのは、そのときが初めてだった。

　当時、学長補佐の職務で学内の将来構想委員会の委員長を務めていた。日本語でのライティング強化の必要性については議題に挙がり、協議もしていた。英語でのライティングは正課科目のカリキュラムのなかに位置付けられているが、日本語の書く力を支援するライティングセンターを本学にも作ることができたらニーズに応えられる。シンポジウムを聴きながらライティングセンターの可能性をぼんやりと考えた。登壇していた本学英文学科の卒業生で実業家の南場智子氏が、大学での学びにおいて英文でリサーチペーパーを書く授業がのちに最も役立った、と話していたことも印象に残った。

2007年度に「現代的教育ニーズ取組支援プログラム（現代GP）」の募集があり、「リーダーシップを発揮する女性人材の育成」というタイトルで申請し、ライティングセンターの創設を実現しようと試みた。その当時、教員として私自身が持っていた問題意識は第3章で詳述されている。この申請はヒアリングに進むことはできたのだが、採択には至らなかった。「実践的総合キャリア教育の推進」の部門でヒアリングまで進んだ取組は41校、不採択になるのは11校と少数であったため、不採択のニュースにかなり落胆したのを今もはっきりと覚えている。学内のニーズに応えるべく、何としても外部資金を獲得したかった。学内の教育全体を俯瞰しつつ、新たな取組を始めるためにアイディアを整理し、申請書を書くという試みは、私にとっても学ぶことの多い、一つのチャレンジだった。

　2008年度には、審査結果の講評を参考にしつつ、前年度の申請書を改訂し、今度は「質の高い大学教育推進プログラム（教育GP）」の申請を試みた。限られた人的リソースで、前年度不採択になった取組の申請を再び試みるかどうか、かなり迷ったが、「諦めたくない」という気持ちが勝った。ライティングセンターは、リーダーシップを発揮するうえで必要となる「粘り強さ」と「しっかりと考えて、伝える力」を培う場でもある。私自身、この二つの力量の重要性を強く意識することになった。

　この教育GPでは、リーダーシップを発揮して活躍するOGを学生たちにロールモデルとして提示するなど、同窓会との連携も重視したので、当時同窓会副会長を務めていた大島美穂教授（2016年度より本学ライティングセンター長）が同窓会名簿も持ってヒアリングに同道した。幸い、2度目の申請で取組が採択され、本学のライティングセンターが創設されることになった。開設以来、大原悦子教授に支柱となっていただいているが、彼女との出会いも、大島教授に負っている。

　さて、関西大学との教職員との出会いと交流は、大学間連携共同教育推進事業を申請する前から始まっていた。本学ライティングセンターを関西大学の3人の先生が視察してくださり、その後、関西大学が教育GP「文学士を実質化する〈学びの環境リンク〉―卒論ラボ・スケール・カードの有機的な連携

による"気づき"を促す仕組み作り—」に採択された際には、そのキックオフシンポジウムに登壇者として私を招いてくださった。

　その後、両大学とも教育 GP が終了し、ライティングセンターのさらなる強化を模索していた頃に、当時関西大学の学長補佐でいらした新井泰彦教授と私立大学連盟の「国の補助金等に関する協議会」でお目にかかる機会があった。99 大学 194 名の出席者を前に、私は研究支援担当の学長特別補佐として津田塾大学の取り組みについて紹介し、「ライティングセンターを持っている大学は、全国でもまだ少数。パイオニアの大学間で協力していくことが重要である」といった趣旨の発言をした。のちに新井教授からライティング／キャリア支援をテーマとして大学間連携共同教育推進事業に 2 大学で申請してはどうかとご提案をいただき、両大学で連携する運びとなったのだ。

　関西にある大きな総合大学と、関東にある小さな女子大学という異なる属性を持った両大学が、お互いにないものを補いながらライティング／キャリア支援を強化しようと意気投合した。両大学の関係者のブレインストーミング的なさまざまな発言を、関西大学の中澤務教授が中心となって根気強く申請書を纏めてくださった。新井教授の多方面への目配りを始め、関西大学の教職員の方々から進取の気性やバイタリティーなど、本当に数々の事を学ばせていただいた。ここで出会ったすべての方々のお名前を挙げることはできないが、ライティングセンターは私自身が関わった大学行政の出発点ともいえる。

　2016 年度に津田塾大学の学長となってから、関西大学と包括連携を締結し、両大学の協力関係がさらに前進したこともとても喜ばしい積極的な成果と考えている。新たな人びととの出会いや交流から創造的な取組、ひいては優れた教育を生み出そうと皆様からお力添えをいただきながら奮闘した 10 年だった。本書が、ライティング教育やライティングセンターに関心を持たれている方々に広く資することができれば望外の喜びである。

本書の目的と内容について

中澤　務

　本書は、関西大学と津田塾大学による5年間の連携取組「〈考え、表現し、発信する力〉を培うライティング／キャリア支援」の成果を広く社会に向けて発信し、日本におけるライティングセンターの普及と発展に寄与することを目的として編まれたものである。関西大学と津田塾大学がこのような連携取組を始めた経緯については「はじめに」をご覧いただくとして、ここでは、この取組の概要や本書の内容について簡潔に説明しておきたい[1]。

　この連携取組の目的は、ライティングセンターを中心としたライティング支援体制を整備し、効果的な支援を実現することによって、学生のライティング力の向上を図ることにあった。そのために、本取組で注目したのが、ライティング力の向上によって培われる、〈考え、表現し、発信する力〉という総合的な力の育成であった。〈考え、表現し、発信する力〉とは、文章を書くときに必要とされる多様な知的能力を総合的に捉えた概念である。このような総合的な知的能力は、現代の日本社会で生きていくために必要とされる重要な力といえるが、かならずしも日本の大学教育において十分な育成ができているわけではない。本取組では、このような総合的な知的能力を、ライティング力の育成を通して伸ばしていくことを目指した。

　さらに、本取組では、大学でのライティング支援の範囲を、単にレポートや論文などの学術的文章の作成だけでなく、大学生活で必要となるあらゆる文章作成に広げる支援を行った。これは、大学で培われたライティング力は、卒業後の社会におけるさまざまな活動のなかで、その真価を問われるものだという考えからである。われわれは、学生の卒業後の活動を見据え、そのキャリア形成に寄与しうるようなライティング支援を理想とし、それを「ライティング／キャリア支援」と名づけた。

　以上のような理念に基づいて、われわれは5年間にわたるさまざまな活動

を展開してきた。まず何よりも、両大学のライティングセンターの拡充を図り、充実した支援体制を確立しなければならない。われわれは、そのために両大学で協力し、指導者の育成や指導方法の改善などを実践してきた。また、学生にライティングセンターを利用してもらうためには、学部での正課授業との連携が不可欠となる。それゆえ、教員との協力体制の構築も取組の大きな課題であった。さらに、支援を充実させるためには、さまざまなサポートツールを活用することが不可欠である。そのために、われわれは、ルーブリックによる客観的な評価指標を開発して活用すると共に、ライティング支援に特化した効果的なeポートフォリオシステムの開発なども行ってきた。

　本書に収録された8つの章は、われわれが5年間の取組のなかで行ってきたこれらの活動の重要な部分に関わる話題を取り扱っている。

　第1章は、本書の総論的な章であり、現在の日本の大学におけるライティング支援の重要性や、日本のライティングセンターのあるべき姿などについて、その全体像を論じている。

　第2章、第3章では、関西大学と津田塾大学のライティングセンターそれぞれについて、その具体的な支援の姿がまとめられている。両大学のライティングセンターは、それぞれの伝統と教育理念に従って構築された個性的なものであり、日本のライティングセンターの具体的な事例として参考にしていただければと思う。

　第4章、第5章は、われわれの取組で開発されたふたつのツールについての解説である。第4章では、ライティング評価のためのルーブリックについて、それがいかなるもので、どのように活用されたのかが具体的に解説されている。第5章では、本取組で開発された支援システム「TEC-System」について、その理念やシステムの具体像が解説されている。

　第6章〜第8章では、支援に関わる3つの具体的な論点を取り上げ、議論している。第6章ではライティングセンターと正課授業との連携のあり方を巡る問題、第7章ではライティング支援においてICTをいかに活用するかという問題、第8章では日本の大学で英語ライティング支援を行っていく際の問題が論じられている。

いずれの章も、これからの日本でのライティング支援に関わる重要な問題を論じており、これからのライティング支援のあり方を考える上で、さまざまなヒントを与えてくれるものと思う。本書が、日本のライティングセンターのさらなる発展に寄与することを願っている。

凡　例

○本取組の概要については、本取組ホームページ（http://www.kansai-u.ac.jp/renkeigp/index.html）をご覧いただきたい。なお、詳細な活動内容については、「資料」のページから、各年度の「取組報告書」をPDFファイルで読むことができる。
○本書では、「学習」と「学修」が混在して用いられているが、それはこのふたつの概念に対する理解が筆者によって異なっているためであり、言葉の選択は各筆者に委ねた。
○両大学のライティングセンター／ライディングラボの名称は、ライティングセンターとして表記する。

目　次

はじめに…………………………………………………… 髙橋裕子　i
本書の目的と内容について……………………………… 中澤　務　iv

第1章　書く力の育成とライティングセンター……………… 中澤　務　3
　　1．いま、なぜライティング教育なのか　3
　　2．〈書く力〉の構造とその育成　12
　　3．ライティングセンターの未来にむけて　21

第2章　関西大学ライティングラボ………… 多田泰紘、岩﨑千晶、中澤務　27
　　1．関西大学ライティングラボの設立の経緯と歴史　27
　　2．ライティングラボの利用傾向　33
　　3．複数のキャンパス・学部におけるライティング支援　45
　　4．チューターの雇用と育成　53
　　5．ライティングラボの課題と展望　55

　　コラム：図書館ラーニング・コモンズでのライティング支援の
　　　　　ある風景 ……………………………………… 寺島紀衣　60

第3章　津田塾大学ライティングセンター……………… 大原悦子　63
　　1．津田塾大学ライティングセンターの概要　63
　　2．個別相談　68
　　3．キャリアに関する個別相談　74
　　4．今後の課題　87

第4章　ルーブリックを活用する…………… 毛利美穂、千葉美保子　91
　　1．関西大学・津田塾大学によるルーブリックの開発　91

2．ライティングセンターにおけるルーブリックの運用　105
3．関西大学におけるルーブリック開発支援とルーブリック・
　　ガイドブックの開発　111
4．ルーブリック・ガイドブックの開発　114
5．まとめ　118

第5章　eポートフォリオを活用する
　　　　　……………………………………本村康哲、稲葉利江子、毛利美穂　121
1．eポートフォリオ　121
2．ライティング包括支援システム"TEC-system"　123
3．TEC-bookとは　125
4．TEC-bookの運用　134
5．TEC-folioとは　136
6．TEC-folioの運用　143
7．TEC-systemの国際化と地域化　151
8．おわりに　153

第6章　正課と連動したライティング支援や入試形態別の
　　　　　ライティング支援を考える………………多田泰紘、岩﨑千晶　155
1．初年次科目との連携　155
2．理工系授業の連携　161
3．関西大学SF入学生に向けた支援　164
4．新たな連携を目指して　169

第7章　ICTを活用したライティング支援………………岩﨑千晶　177
1．ライティングにおけるICTの活用　177
2．オンラインでのライティング支援　179
3．書く力を育むeラーニング教材の開発　182
4．ライティング支援を評価するシステム　186
5．ロボティクスを活用したライティング支援　188
6．ICTを活用したライティング支援におけるデザイン要件　191

第8章　ライティングセンターにおける英語ライティング支援
………………………………………………………………飯野朋美　195
  1．日本の大学ライティングセンターによる英語ライティング支援　195
  2．アメリカの大学ライティングセンター事情　197
  3．津田塾大学ライティングセンターでの相談例　202
  4．プロセスで支援する英語ライティング　208
  5．おわりに　213

おわりに……………………………………………………………大島美穂　215

索　引………………………………………………………………………219
執筆者紹介…………………………………………………………………221

大学におけるライティング支援
―― どのように〈書く力〉を伸ばすか

第1章

書く力の育成とライティングセンター

中澤　務

　近年、日本においても、各地の大学でライティングセンターが設立されはじめている。しかし、ライティングセンターの認知度は、日本においてはまだ高いとはいえず、その重要性も十分に理解されているとはいいがたい。本章では、現代の日本において、なぜライティング教育の充実が必要とされているのかを明らかにするとともに、学生のライティング力育成のためにライティングセンターがいかなる役割を果たすべきかについて考察したい。

1．いま、なぜライティング教育なのか

1.1　日本におけるライティング教育の現状

日本の国語教育

　書くという行為は、現代社会を生きていくうえで必要不可欠な基本的能力である。とりわけ、民主主義が成熟して、社会的な意思決定のあり方が複雑になり、議論を通しての高度なコミュニケーションが必要となっている現代社会では、生活のあらゆる場面において、書くという行為が重要性を増している。

　しかし、現代社会において、ものを書く力の重要性が増しているにも関わらず、これまでの日本においては、書く力の育成が真剣に考えられ、体系的な教育がなされることは少なかったように思われる。

　このような状況の背後には、日本の文化的な事情があると考えることができる。欧米におけるコミュニケーションの根幹が、議論によって相手を説得して意思決定に至るというところにあるのに対して、日本における人間関係

は、むしろ、明確な意見の表明によって対立を引き起こすのを避けることで成り立っている側面が強いことは否定できない。そのような社会においては、意思決定も、論争を通して相手の意見を批判し、自己の正当性を訴えて相手を説得するというかたちでは成立しない。むしろ、相手との対立を極力回避して、相手の立場に気を配りながら、折り合いのつく妥協点を探っていくというコミュニケーションの方法が、日本における社会的コミュニケーションの典型であったといえるだろう。

このような社会のあり方を反映して、日本における伝統的なライティング教育は、欧米におけるそれとは様相の異なるものであったといえる。

日本においては、自らの見解を言葉で表現し、議論を通して他者を説得する論理的コミュニケーションの教育がおろそかにされる傾向があった。小学校や中学校で行われている国語教育は、必ずしも、自らの見解を論理的に表現する方法や、議論する技術の育成などを重視してきたわけではない。むしろ重視されてきたのは、他者の気持ちを推し量り、自己の感情を率直に表現する教育であり、文章作成の訓練においても、論理性はさほど重視されず、豊かな感情の表出などを重視した作文教育が行われてきたのである。

高校教育においても、このような傾向が大きく変化するわけではない。高校での教育内容は、大学入試の内容に大きな影響を受けるが、そこにおいても状況は変わらないからである。すなわち、大学入試での国語の問題も、小説や評論などの読解が中心であり、その内容も、書かれている主張の内容を論理的に分析し、その妥当性を批判的に検討するような問題は少数派だといえる。ましてや、自己の見解を日本語で論理的に構築するような能力が問われることは、ほとんどないといってよいのではないだろうか。最近では、これまでの反省から、そのような能力を問う問題も増加傾向にあるが、旧来型の問題が多くを占めるという現状が大きく変わっているわけではない。

もちろん、大学入試では小論文問題が出題されることもめずらしいことではなく、そのような場面では、受験生は論理的な文章を書く必要性に迫られる。それゆえ、高校教育のなかで小論文を書く訓練が行われていることも事実である。しかし、論理的な文章を書く技術を十分に訓練されてこなかった高校

生の多くが、論理的な文章を書くことを苦手としていることも事実なのである。

大学教育で露呈する矛盾

　大学以前の教育と大学における教育との溝が拡大していくなかで、書く力を巡る溝もまた拡大しており、大学教育に深刻な影響を及ぼすようになってきた。

　大学が急速に大衆化していく以前は、学術的文章の書き方のような基本的な技術は、教員が教えるものとは考えられておらず、教員の側もその必要性を感じることは少なかった。そして、学生の多くは、学術的文章の書き方をあえて教わらなくても、それを経験的に学びとり、独力で身に付けることができた。しかし、大学進学率が大きく上昇した現在では、状況は大きく変化している。学力試験を経ずに入学してくる学生の数も増加し、全国の大学で学生の学力不足が深刻化していった。そのような学生の多くは、もはやこれまでのように、教わらなくても自分でなんとかするということができない。これによって、これまで表面化していなかった問題が、深刻な問題として姿をあらわすようになったのである。

コピペ問題はなぜ起こるか

　現代の大学において深刻な問題のひとつとなっている、いわゆる「コピペ問題」について考えてみよう。

　コピペ問題とは、ネット社会の急速な拡大にともなって深刻化してきた問題であり、インターネットなどで検索された情報をコピー＆ペーストし、切り張りして、自分で書いたレポートや論文と偽る剽窃行為である。特に大学では、近年そのようなレポートや論文が急増し、その対策が大きな課題となっている。

　なぜ、このような問題が深刻化したのであろうか。その背後には、さまざまな要因が考えられる。たとえば、インターネットにおける検索技術の発達は、必要とする情報を即座に簡単に探し出すことを可能にし、そのような情報を利用しやすい環境を作り出した。また、そのようなネット上の情報は、誰にでも無料でアクセス可能であるがゆえに、著作権に対する意識を希薄化させ

てしまう傾向があることも確かであろう。しかし筆者には、そこには、それ以上に本質的な問題が潜んでいるように思われる。すなわち、自分で文章を書く力の不足である。

　コピペをする学生は、自分の力でレポートを書くことができるのに、ずるをして安易な道を選んでいると考える人も多いだろう。もちろん、そうした学生がいることは否定できない。しかし、多くの学生は、文章の書き方がわからないというやむをえない理由から、否応なくコピペという手段に頼っているのではないだろうか。

　たしかに、コピペをしたレポートや論文を探し出して処罰したり、剽窃行為をしないように倫理教育を行ったりする対処は必要であろう。しかし、問題の背後に学生の書く力の不足があるのだとしたら、このような対処だけでは問題はいつまでも解決しない。解決のためには、質の高い文章を書く力を学生に身に付けてもらうしかないのである。

　自分の力でレポートを書けるようになるということは、情報を適切に検索し、自らの考察に有効に利用して、自分の見解を構築する力を身に付けるということを意味する。これによって、質の高いレポートを作成できるようになれば、コピペに頼ろうとする学生の数も減少すると考えられる。学生は、他人の見解と自己の見解を区別し、他人の見解にどう向き合ったらよいのかを理解するようになるだろう。

　大学でのライティング教育

　コピペ問題をはじめとして、現在の大学教育では、書くという行為を巡って、さまざまな問題が発生している。そのような問題に対して、大学はどのように対処しようとしているのだろうか。

　そのための有効な方策として、まず注目されたのが、初年次教育であった。大学教育においては、高校での学びの環境からの大きな変化ゆえに、大学入学直後につまずいてしまう学生が多い。このような環境の変化に対処して、新しい環境にすみやかに慣れさせるためには、初年次学生に対して、大学での学びの基本を教えることが重要なのである。

ライティングを巡る環境の変化に対しても同様のことがいえる。入学直後から、大学でのライティングの基礎的な教育を施していけば、高校でのライティングとのギャップを埋めていくことが可能であろう。

しかし、初年次教育によってあらゆる問題が解決されるわけではない。初年次教育において教えられる内容は、あくまでも初歩的な知識と技術にすぎない。ライティングに関しても同様である。初年次の段階で執筆する文章は、比較的短いものが多い。教えられる技術についても、引用の仕方とか、文章構成の方法など、汎用性の高い基本的技術に関するものに限られる。しかし、年次が上がっていくにつれて、求められるライティングの技術も少しずつ高度になっていくのである。内容がより専門的になっていき、それにともなって構造が複雑となり、分量も増加していく。そして、最終的には、多くの学生が卒業論文を執筆しなければならない。初年次教育で学ぶ初歩的なライティング技術を段階的に向上させていき、卒業論文の執筆につなげていくためには、学びの高度化に連動したライティング技術の高度化が必要となるのである。

しかし、現在の日本の大学教育においては、基礎的なライティング教育については、意識的な取り組みがなされ、カリキュラム体系も充実しているのに対して、上位年次におけるより高度なライティング教育については、有効な教育プログラムが十分に整備されていない状況にある。

高度な専門的ライティング教育は、主として専門のゼミなどで指導されている。しかし、その指導内容は、多くの場合、担当する教員の裁量に委ねられているのが実情であろう。もちろん、そのような方法でも、教員がライティング教育の重要性を認識し、効果的に教育を行うのであれば、大きな効果を発揮する。しかし、教員がそのような教育の必要性を感じていなかったり、感じていても、効果的な教育方法を採らなければ、学生はより高度な学術的文章を書く技術を身に付けることができないだろう。

以上のような現状を踏まえ、現在の大学で求められているのは、4年間の学び全体にわたるライティング力育成のための体系的な教育の実施であろう。ライティングセンターも、大学教育全体を視野に入れ、授業をはじめとする大学でのさまざまな教育と密接に連携しながら、ライティング力育成のため

の総合的なサポートを図ることのできる組織となる必要があるだろう。

1.2 社会はどんな力を求めているのか

　大学でのライティング教育は、社会的な視点からみると、どのような意味を持っているのだろうか。この問題について考えるために、現代の日本社会において、大学教育にどのような力の育成が求められているのかを考えてみよう。

　大学に対する社会からの期待の内容は、21世紀になってから大きく変化している。それまでは、大学に対する社会の期待は、主として高度な学術的研究を行い、その知識を学生に教育して、専門的な知識を有する専門家を社会に送り出すことに向けられていた。もちろん、このような期待は、現在でも存在している。しかし、社会が大きく変化していくなかで、大学には、社会への貢献という、これまでにはない役割が期待されるようになったのである。

　そのような変化のなかで、社会は大学に、専門知識の伝授だけでなく、社会で生きていくうえで役に立つ汎用的な能力の教育を期待するようになっている。それはどのような能力なのであろうか。それを具体的に理解するために、ここでは、代表的な考え方として、経済産業省の提示する「社会人基礎力」と文部科学省の提示する「学士力」の内容を見ていくことにしよう。

　まず、「社会人基礎力」であるが、それは次のような表1-1で整理されている[1]。

　「社会人基礎力」では、社会人として必要とされる12の汎用的能力が、3つのカテゴリーに整理・分類されている。これらは、主として、企業での労働

表1-1　社会人基礎力（経済産業省）

前に踏み出す力	考え抜く力	チームで働く力	
・主体性	・課題発見力	・発信力	・状況把握力
・働きかけ力	・計画力	・傾聴力	・規律性
・実行力	・創造力	・柔軟性	・ストレスコントロール力

などにおいて重要と考えられているさまざまな能力とみなすことができる。これらの力は、組織のなかでの労働を想定しており、企業がどのような人材を求めているのかがよくわかる内容となっている。求められる力の内容も、具体的なものである。

しかし、このような力の育成が大学に求められているとしても、大学はそれをどのように育成していけばよいのであろうか。大学が、単なる職業訓練の場ではなく、専門的教育を行う場である以上、専門的な教育とこれらの能力の関連性を明らかにし、大学教育全体のなかでこれらの力がどのように育成されていくのかを、明確にしなければならないであろう。

そこで次に、そのような視点から大学での能力育成のあり方が考えられている「学士力」の内容（表1-2）を見ていくことにしたい[2]。

この「学士力」の指標で挙げられている能力は、「社会人基礎力」で挙げられている能力と重なる部分が多いが、単なる能力の分類と列挙に留まらない内容を持っていると評価できる。第一に、この指標においては、大学での学びとの関連性がより具体的に示されており、大学での学びが社会で生きるための力にいかに結実していくのかがより具体的に示されている。第二に、この指標では、さまざまな能力の重層的な統合が想定されている。以下、これらの点を具体的に見てみよう。

「学士力」では4つの力のグループが想定されている。このうち、従来の大学教育において目指されていたものは、主として「1. 知識・理解」であると考

表1-2　学士力（文部科学省・中央教育審議会）

1. 知識・理解	2. 汎用的技能	3. 態度・志向性	4. 統合的な学習経験と創造的思考力
(1) 多文化・異文化に関する知識の理解 (2) 人類の文化、社会と自然に関する知識の理解	(1) コミュニケーション・スキル (2) 数量的スキル (3) 情報リテラシー (4) 論理的思考力 (5) 問題解決力	(1) 自己管理力 (2) チームワーク、リーダーシップ (3) 倫理観 (4) 市民としての社会的責任 (5) 生涯学習力	これまでに獲得した知識・技能・態度等を総合的に活用し、自らが立てた新たな課題にそれらを適用し、その課題を解決する能力

えられる。これに対して「2. 汎用的技能」は、大学でのさまざまな専門的学びのなかで獲得されていく、より一般的な知的能力である。これらの能力は、社会で生きていくための基盤となるような知的能力であるが、大学での学びと密接に関連しており、専門的学びを進めていくうえでの道具となるようなものであろう。従来の大学の学びから、このような能力が獲得されるということがよくわかる。

これに対して「3. 態度・志向性」は、これまでの大学教育においてあまり考慮されてこなかった要素だといえる。ここに列挙されているさまざまな力は、知的能力というよりは、むしろ人間の社会生活全般に関わる精神的資質とでもいうべきものである。これらの精神的資質を、大学教育でどのように育成していくのかは難しい問題であるが、少なくとも大学がこうした精神的資質の育成を期待されていることは事実であろう。

大学教育での育成が期待されているこれらの多様な能力は、最終的にひとつに統合され、総合的な問題解決力となっていくことが期待されている。それが「4. 総合的な学習経験と創造的思考力」である。

以上のように、「学士力」の考え方では、大学での専門的な知識の獲得は、それとともに獲得されていくさまざまな汎用的技能や精神的資質と有機的に結合して統合されていき、最終的には、社会で生きていくために必要な総合的な問題解決能力に成長していくのだと考えられている。

このような総合的な能力が強調されるようになった背景には、日本社会の大きな変化がある。社会の構造的変化やグローバル化の進展のなかで、日本社会は、これまでとは異なる新しいタイプの市民像を描くようになっていった。すなわち、欧米社会において想定されているような、自律的な市民像である。そのような中で、大学もまた、自分で考え、他者と協同して、主体的に行動し、問題解決をしていくことのできる自律的な市民の育成を期待されるようになったのである。

1.3 〈書く力〉と学士力

それでは、ライティング教育は、以上のような自律的市民の育成のために、

どのような能力の育成に寄与しうるのであろうか。

　一見すると、ライティング教育がこのような能力の育成に寄与しうる部分は少ないと思われるかもしれない。だが、そのような印象を持つとしたら、それは、ライティング教育に対して狭い理解をしているからではないだろうか。われわれは、ライティング教育を単なる文章の書き方の指導だと考えがちである。たとえば、学生の書いた文章を添削して、正しく直したりすることが、ライティング指導だと考えている者は多いだろう。しかし、そのようなイメージは、ライティング教育を伝統的に行われてきた作文指導のようなものと捉える誤解から生じているのである。

　大学でのライティング教育とは、なによりも、学術的文章の書き方を教え、訓練するものである。学術的文章には、解決すべき問題があり、それに対する客観的な調査や考察と、問題解決に向けての議論が展開される。これは、なにも専門的な学術論文に限られた話ではなく、たとえば初年次生の書く初歩的なレポートでも、基本的に以上のような要素からなっている。レポートや卒業論文を書くという行為は、自ら問題を探求して発見し、情報の調査に基づいて論理的な考察を展開し、妥当な結論を導き出していくプロセス全体を含んでいる。単に原稿用紙に文字を書いたり、ワープロに文字を入力したりすることが「書く」という行為ではないのである。

　このような点から見ていくと、学術的文章を書くためには、さまざまな知的能力が有機的に統合して働く必要があることがわかる。たとえば、必要な情報を探し出し整理する情報リテラシーの力、情報を適切に分析し解釈する読解力、問題を論理的に考えて結論を導き出す論理的思考力などである。こうした力は、「学士力」において提示されている汎用的技能の大半を含み込んでいる。学術的文章を書くという行為は、このような汎用的技能を駆使して、自分が学んだ事柄を整理し、そこに生まれる問題を解決していく行為全体なのである。

　このように考えると、ライティング教育は、「学士力」と関係が薄いどころか、「学士力」が求めているさまざまな力を総合的に育成していくものであることがわかるであろう。ライティング教育を通して育成されていくこのよう

な総合的な力を、単に日本語の文章が書けるという能力から区別して、〈書く力〉と呼ぶことにしよう。ライティングセンターが目指す支援とは、このような〈書く力〉の育成を目指したものなのである。

では、この〈書く力〉とは、より具体的には、どのような力によって構成され、どのように統合されているのだろうか。また、ライティングセンターは、この〈書く力〉をどのように育成していけばよいのだろうか。続く2章では、この点を考察していくことにしよう。

2．〈書く力〉の構造とその育成

2.1 〈書く力〉の構造

学術的文章の特徴

〈書く力〉を作り出していくさまざまな力を具体的に考えていくために、まずは学術的文章が持つ特徴を見ていくことにしよう。

まず挙げられるのが明晰さと客観性である。学術的文章では、小説や詩などの文学作品のような、表現力を駆使した美しい文章が求められるわけではない。そこで求められるのは、情報や書き手の意図が誤解なく明確に伝わることであり、その際に重要となるのが客観性なのである。

しかし、学術的文章には、それ以上に重要な特徴がある。それは、学術的文章が論理的構造を持つ文章だということである。すでに述べたように、学術的な文章は、明確な問題設定と、それに対する答えを持ち、結論に至るまでの考察によって、論理的に構成されている。そこには、根拠となる客観的なデータや、結論を支持する客観的な証拠の提示、あるいは反対意見に対する批判などが含まれており、これらの要素を、論理的な構造を持った論理的な論証として構成していかなければならない。

学術的文章が持つ、このような論理的構造性について考えるために、ここではトゥールミンモデルを参照することにしたい（図1-1参照）[3]。トゥールミンモデルとは、論証の論理的構造を分析するために考案されたモデルであり、それは議論（argument）と呼ばれる。議論とは、われわれがなにごとかを言葉に

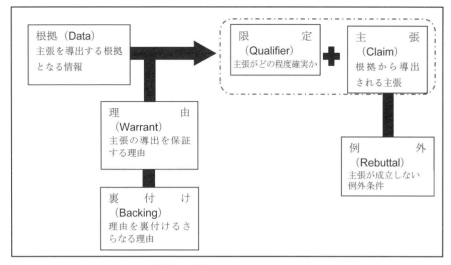

図1-1　トゥールミンモデル

よって主張するときに、われわれが構築して提示するものである。学術的文章に限らず、われわれは、言葉でなにかを主張しようとするときには、この議論のモデルに従っているのである。その基本構造を図式化すると、図1-1のようになる。

　トゥールミンによれば、議論とは、根拠となる情報(Data)から、なんらかの主張(Claim)を導き出す手続きであるが、それだけでは議論とはいえない。議論として成立するためには、特定の主張が導出されることを保証する理由(Warrant)や、さらにその理由が成立することを裏付けするさらなる理由(Backing)が必要とされる。これらの理由によって、主張の確実さの程度が決定される(Qualifier)。また、このようにして導出される主張の大部分は、必然的なものではなく、蓋然的なものである。それゆえ、それは反駁を受ける可能性を持っている。議論においては、そのような反駁の可能性を想定して、例外条件(Rebuttal)が示される。

　トゥールミンの挙げている例で説明しよう。「ハリーはバミューダで生まれた」という根拠から、「ハリーは英国人である」という主張をしたとする。この主張が成り立つためには、「バミューダで生まれた者は英国人だ」という理由

が必要となる。では、どうしてそのような理由が成り立つのか。それを説明するためには、「英国領で生まれた人間は英国籍を持つと法律で定められている」というさらなる理由（裏付け）が必要となるだろう。だが、そのようにして導出される主張には、さまざまな例外的な可能性がありうる。たとえば、両親が英国以外の国籍であった場合や、本人が後に国籍を変えていたような場合だ。それゆえ、この主張には、「おそらく」という限定が付されることになる。

　この例からもわかるように、トゥールミンの考える議論とは、学術的なものに限られるものではない。われわれは、日常的生活のあらゆる場面で、このような議論を構築し、他者とのコミュニケーションを行っているのである。学術的文章とは、われわれが構築する多様な議論のなかのひとつであるが、もっとも厳密で、客観的な構造を持った、高度な内容の議論だということができるだろう。

　以上のトゥールミンモデルは、われわれの作り出す議論が、日常的なものから、高度に学術的なものに至るまで、すべて共通の論理構造を持っているという事実を明らかにしている。そして、それは、そのような論理的構造が持つ要素を最も単純なかたちで示してくれている。すなわちそれは、①根拠となるデータ、②根拠から導かれる主張、③主張を導き出すための理由や裏付け、④主張が反駁される可能性への対処である。

　議論がこのような論理的構造を持つという事実から、議論が持つ重要な特徴が浮かび上がる。すなわち、議論とは、最初から正解が決まっているようなものではなく、証拠や根拠を積み重ねていくことによって主張の蓋然性を高めていくものだということである。

　じつは、トゥールミンがこのようなモデルを提示した背後には、古典的な議論のモデルに対する批判があった。古典的な議論のモデルは、前提が真であれば結論も必然的に真となる三段論法のような必然的論証をモデルとして作られている。そのような議論観においては、論理学や数学の論証のような必然的な論証が議論の理想的なモデルとみなされ、必然性のない蓋然的な議論は不確かで不完全なものと考えられていた。トゥールミンは、このような古典的な議論観を克服し、われわれが日常的に行っている議論の姿を明らか

にしようとしたのである。

　もし、トゥールミンモデルが日常的な議論の本当の姿であるとしたら、われわれは、議論を巡る考え方を改めなければならないだろう。すなわち議論とは、数学の論証問題のような、正解か不正解かという二者択一的なものではない。そこには、絶対的な答えが最初から決まっているわけではなく、どのような答えが提示されるかは、われわれが、どのような根拠と理由からどのように主張を導き出すかに依存しているのである。それゆえ、議論の説得力は、議論を作る者の議論の仕方に依存することになる。同じ主張でも、証拠や根拠を積み重ねていくことによって、より説得力の高い議論を作り出すことができるのである。

　議論とは、最初から正解が与えられているようなものではなく、議論する人間が構築していくことによって、その説得力を高めていくものだという創造的な議論観に立つと、議論を構築していく技術の重要性が浮かび上がる。〈書く力〉を鍛えるとは、まさにこのような議論構築の方法を、学術的文章を書く訓練を通して学んでいくことにほかならないのである。

〈書く力〉の構成要素

　これまでの考察が正しければ、学術的文章を書くとは、われわれが日常的に行っている議論を、最も厳密で複雑なかたちで構築していくことだということになる。このとき、議論がどのように構築されていき、そこからどのように説得力が生まれてくるのかを考えれば、それを実現するための力が〈書く力〉であることになる。以下、具体的に列挙してみよう。

①問題を発見し、解決に導く力

　議論とは、根拠に基づいて主張を提示することである。では、われわれは、そもそもどうして主張を提示しようとするのだろうか。それは、その主張が答えとなる問題が存在するからにほかならない。たとえば、さきほどの例において、「ハリーは英国人だ」という主張は、ハリーの国籍はどこかという問題があってはじめて成り立つ主張である。

このような問題は、日常的な場面においてはすでに与えられている場合が多い。しかし、大学での学びにおいては、自ら問題を設定して、その解決を図っていくことが求められる。卒業論文などはその代表的なものであろう。そこでは、問題を自ら発見し、その解決策を模索していく思考力が求められているのである。

　②情報を探し出し、読解する力
　簡単な日常的問題であれば、主張を作り出すことは難しいことではない。しかし、大学での学びにおける学術的な問題に対して、自らの主張を作り出すのは容易にできることではない。そのような高度な問題においては、主張の発見は情報の収集から始まる。すなわち、設定された問題を巡るさまざまなデータや、問題に対するさまざまな見解などを集めて調べ、その検討を経なければ、主張は生まれてこないのである。とりわけ、大学において考察される問題は、たいていの場合、膨大な量のデータや過去の議論の蓄積が存在している。そうした情報の中から的確な情報を探り出し、限られた時間でその内容を読解し、整理していく必要がある。このような、情報を探し出して読解する力は、すぐれた議論を作り出していくための基盤となる重要な力だといえる。

　③批判的に考える力
　単に情報を集めて読むだけでは、自らの議論の形成には寄与しない。われわれは、その内容を批判的に検討し、その妥当性の評価を行わなければならないのである。批判する力とは、データの信憑性や、他者の見解の妥当性を検討し、そこに不十分な点が存在しないかを考察する力のことである。この批判的に考える力を持たなければ、われわれは、データや他者の見解を客観的な視点から評価することができなくなり、単にうのみにして受け入れるしかなくなるのである。批判的に考える力を手にしてはじめて、われわれは、データや他者の見解を有効に活用して、自らの議論を構築していくことが可能となるのである。

④論理的に考える力

すでに指摘したように、議論とは論理的な構成物であり、論理的な構造を持っている。議論の説得力は、議論の要素の論理的構成のなかから生まれてくる。学術的な文章は、議論を積み重ねることによって作られるものであり、複雑な構造を持っている。それゆえ、わかりやすい論理構成で書かなければ、それだけで説得力が低下してしまう。このように、説得力の高い学術的文章を作成するためには、論理的に考える力が不可欠なのである。

2.2 いかに〈書く力〉を育成するか

〈書く力〉とは、多様な知的能力によって作られる複雑な力である。それらの能力は非常に高度なものであり、それを育成していくことは、容易なことではない。どのようにすれば、ライティングセンターにおいて、このような能力を育成していけるのであろうか。以下、重要なポイントを考察していこう。

①ライティングの基礎知識を教える

学生のなかには、〈書く力〉の育成以前のところでつまずいている者も多い。学術的文章の執筆に必要な基本的なルールすら知らない学生などである。たとえば、どのように引用をすればよいのかとか、どのように参考文献を表記したらよいのかなどの基礎的な知識などを十分にわかっていない学生は意外に多い。そればかりでなく、たとえばレポートのレイアウトとか、章や節の構成方法、段落の組み立て方など、より基本的な知識も十分に身に付けていない学生も多く、場合によっては日本語の文法さえあいまいな者もいる。

このような基礎的な知識は、初年次教育においては十分に教えられるようになっているが、まだ十分な対処がなされているわけではなく、上位年次になっても基本的な知識を身に付けていない者も多くいる。すでに述べたように、上位年次におけるライティング指導は、必ずしもシステマティックに実施されているわけではなく、何を教えるかは教員の裁量に任されている部分が多いため、知識を与えられることなく取り残されている学生も多いと推測

される。

　このような基礎的な知識については、正しい知識を教えるだけで、学生の力は伸びていく。ライティングセンターが、正課授業と密接に連携して、授業での不足を補うサポートをすれば、基礎的な知識不足の学生を減らしていき、より高い能力育成につなげていくことが容易になるであろう。それゆえ、このような基礎的な教育のサポートは、ライティングセンターにとって重要な使命なのである。

　②情報リテラシーを身に付けさせる
　情報社会の進展する現代では、情報リテラシーを身に付けることの重要性が増している。ライティングにおいても、情報を探し出して読解していく力は、〈書く力〉の基盤となる重要なものといえる。この情報リテラシーは、批判的に考えたり、論理的に考えたりする力に比べて、習得が比較的容易な力だといえるだろう。それゆえ、ライティングセンターでの支援においても、教えることが比較的容易であり、教育効果の上がる力と位置づけることができる。
　たとえば、インターネットでの情報検索や、図書館での図書検索、新聞などのデータベース検索などは、効率的な検索の方法を知らない学生も多い。そのような技術を学ぶだけで、学生の情報検索力は向上していくだろう。さらに、このような検索方法だけでなく、手に入れた情報を正確に読み、整理する技術も、育成しやすい能力の部類に入るだろう。このような基礎的な情報リテラシー教育は、正課授業のなかでも行われているが、ライティングセンターが、ライティング支援の一環として実施することにより、その効果を高めていくことができる。

　③批判的・論理的に考える習慣をつけさせる
　以上のような基礎的な力に比べると、批判的に考える力や、論理的に考える力は、向上させることが容易ではない高度な力である。こうした高度な力の育成に、ライティングセンターはどのように関わりうるのであろうか。
　批判的な思考力は、具体的な素材を使って、実際に議論と考察を行い、自

ら考えることを通して、実践的に身に付いていくものである。論理的思考力についても同様であり、資料などの批判的な読解に基づいて議論を構築していく訓練を通して形成されていく。このような力は、なによりも専門的な教育を通して養われていくものであるが、ライティングセンターが、ライティング支援という枠のなかで、その育成に貢献していくことは十分に可能ではないだろうか。

　ライティング支援において、批判的に考える力は、取り扱う素材の批判的読解のなかで発揮され、論理的に考える力は、主に議論を構築していくときに発揮される。それゆえ、学生の書いた文章を、単に形式的な側面から見ていくだけでなく、資料の取り扱いや、考察の内容、そして議論の構成まで含めて検討をしていくことで、このような力の育成に寄与することが可能となるであろう。

　④気づきを促す支援をする

　単なる技術的な方法だけでなく、批判的に考える力や、論理的に考える力まで含み込んだ高度な能力を育成していくためには、学生自らが主体的に考えていく姿勢が不可欠である。ライティングセンターの支援は、学生が自ら考え、探求し、発見していくことを視野に入れた、気づきを促す支援を行っていかなければならない。

　このような気づきを促す支援を行うためには、まず、ライティング指導とは添削のことだと考える発想から脱する必要がある。なぜなら、添削という方法では、多くの学生は、単に直された文章を受動的に受け入れるだけであり、自分のライティングのどこに問題があり、どうすれば改善できるのかを、自発的に考えようとしないからである。

　学生が自発的に考えるように促すのは容易なことではなく、学生が自ら考えていけるような指導方法を工夫していくことが不可欠となる。そのためには、まず個別指導の体制を充実させ、対面的な指導によって、学生との対話を通して、自ら考えるように促していくことが重要であろう。

　もちろん、このようなきめ細かい指導を実施するためには、多大な労力が

必要となる。予算的な面もさることながら、なによりも、そのような指導を行うことのできる指導者を確保することが非常に難しいのである。指導者の育成と効果的な指導方法の開発が、このような高度な支援を実現するための鍵となるであろう。

⑤ツールを活用する

　支援の効果を高めていくためには、ライティングセンターがさまざまなツールを開発し、活用していくことが望ましい。以下、いくつかの可能性を考えてみよう。

　まず、ライティングの基礎的な知識をまとめたテキストの開発が有効であろう。多くのライティングセンターでは、実際にそのような独自のテキストを作り、支援に活用している。市販のテキストでは、学生に簡単に配布することができず、また不必要な部分も多く含まれるからである。ライティングセンターの指導内容に適合したテキストを作り、指導のために用いれば、指導内容の標準化を図ることができる。また、学生にテキストを参照させることによって、自発的な学習を促すとともに、指導時間を節約することが可能となる。

　次に、すぐれた文章の明確な基準を学生に提示して、学生に目標を示すとともに、自分の文章の問題点と改善策を自ら考えていけるようにする工夫が有効である。これは、評価基準を明記したルーブリックを作成し、指導のなかで活用することによって実現する。基準の提示によって、学生は自分がどのような文章を書くべきかを知り、それを容易に改善しやすくなる。また、指導する側も、学生と基準を共有することによって、より有効な指導をしていくことが可能となるだろう。

　さらに、学生が自分の文章の記録を残し、文章力の向上を振り返ることができる環境を提供することが重要である。これは、ポートフォリオなどによって実現する。支援を受ける学生すべてにこのような環境を提供することによって、学生だけでなく、指導者も学生の履歴を確認しやすくなり、より効果的な指導につなげていくことができる。

3．ライティングセンターの未来にむけて

　以上で、〈書く力〉とはどのような能力であり、それをライティングセンターがどのように育成していくべきかが明らかとなった。このような理念のもとで、現在、日本の大学でも、ライティングセンターの設立が行われるようになっている。しかし、多くの大学では、まだその支援規模は比較的小規模なものに留まっているのが現状である。そのような日本のライティングセンターが今後大きく発展し、日本の大学教育において必要不可欠のものとなるために、ライティングセンターはどのような将来像を描いたらよいのだろうか。最後に、この点を考えてみよう。

3.1　総合的なライティング支援組織へ

多様な言語の支援

　ライティングセンターは、アメリカを発祥とする組織である。アメリカでライティングセンターが発達した背景には、アメリカ独自の事情が存在している。ひとつは、英語圏外からの英語を母語としない学生の存在であり、ライティングセンターは留学生のためのサポート組織として機能してきた。もうひとつは、大学の大衆化への対応という側面である。学習支援の必要な学生のために、ライティングセンターは、学生の学びをサポートする組織として、有効な機能を果たしてきたのである。

　日本においてはどうだろうか。日本では、ライティングセンターの歴史は、まずはアメリカの模倣からはじまった。それゆえ、初期のライティングセンターは、英語ライティングの支援を行う組織として機能してきた。そして現在でも、そのような側面は色濃く残っているように思われる。このような英語ライティング支援という役割は、現在の日本の教育でも重要なものであり、今後もこのような役割の重要性が失われることはないだろう。しかし、アメリカの大学におけるライティングセンターの役割を考えるなら、日本の大学におけるライティングセンターは、日本語ライティングのサポート機能に力

を注ぎ、拡大させていくべきであろう。

　このように考えることには理由がある。現在の日本の大学が置かれている状況は、ライティングセンターが生まれ発展した時期のアメリカの大学の状況と類似した部分が少なくないように思われるのである。

　ひとつは、これまで述べてきたような、日本の大学における大衆化と、それに伴う大学の役割の変化である。そのような状況の中で、ライティングセンターは、日本語を母語とする大多数の学生に対して、社会が求める多様な能力の育成の支援を行い、重要な役割を担うことができるのである。

　もうひとつは、留学生の増加である。日本の大学でも、留学生は増加傾向にあり、日本語を母語としない学生の数が増加している。現状においては、まだ問題が深刻化しているわけではないが、このような留学生への日本語ライティングのサポートは、次第に重要な問題になりつつある。ライティングセンターが、日本語を母語としない学生の日本語ライティングのサポートを効果的に行うことができれば、このような負担は大きく軽減することになるだろう。

　以上のように、これからのライティングセンターは、日本語や英語という、日本の大学教育のなかで必要不可欠な言語によるライティングに関して、母語話者も非母語話者も同様にサポートできるような総合的な組織に発展していく必要があるだろう。

全学的な組織としてのライティングセンター

　ライティングセンターは、すべての学生が利用できる全学的な組織として運営されている場合が多い。その意味で、大半のライティングセンターは、形式的な意味では、全学的組織といえるだろう。しかし、ライティングセンターが真の意味で全学的組織となるためには、さまざまな学部や部署との有機的な連携が成り立たねばならない。

　だが、ライティングセンターは、これまでの日本の大学教育にはなじみの薄い組織であるがゆえに、そのような連携を確立することが簡単ではないことも事実である。とりわけ、日本の大学教育においては、学部が学生の教

育を担うという意識が強く、学部外の組織が学生の教育に介入するという事態を好ましく思わない傾向があるように思われる。ライティングセンターが、学部学生の学びにおけるライティングに関わり、そのサポートをしていくことに十分な理解を得ることは、容易なことではないのである。

しかし、教員との連携がなければ、ライティング支援を成功させることは難しい。なぜなら、ライティング支援は、正課授業と密接に連携し、授業の中でのレポート・論文の作成をサポートしてこそ十分な効果を発揮することができるからである。専門教育を行う教員とライティングセンターが連携して協力していくことによって、はじめて高い教育効果が生まれるのである。

それゆえ、教員にライティングセンターの支援内容を具体的に知ってもらい、その支援が教育の効果を向上させることを認識してもらう必要がある。そのためには、教員への宣伝活動を積極的に実施し、ライティングセンターの活動の意義を知ってもらうとともに、授業などを通して連携体制を構築していき、その教育的効果を認識してもらう必要があるだろう。

いずれにせよ、このような地道な活動を通して、教員との信頼関係を時間をかけて構築していくことなしには、ライティングセンターが大学にとって真に必要な組織として認められることはないのである。

多様な文章作成支援

ライティングセンターが、レポートや論文などの学術的文章の作成支援に力を注ぐべきであることはいうまでもない。しかし、学生が大学生活のなかで関わる文章作成は、必ずしもそのようなものばかりではない。たとえば、ゼミでの発表原稿や、レジュメ、あるいはプレゼンのためのパワーポイントのスライド資料など、広い意味において学術的な文章といえるものは多い。これらの資料は、たしかに原稿用紙に書かれた文章ではないが、レポートや論文などと同様にライティングセンターでの作成支援が必要なものであろう。さらに、たとえば留学や進学のための志望理由書の作成など、大学の学びにおいて必要な文章作成は多様である。ライティングセンターは、このような大学での学びに関係するあらゆる文章や資料などの作成の支援を行いうる組

織であるべきであろう。

　それだけではない。学生が大学生活のなかで作成する文章は、ほかにもいろいろと存在する。たとえば、サークル活動などの課外活動においても、さまざまな文章作成を行う可能性があるし、就職活動などにおいてもさまざまな文章を作成していかねばならない。このような広く大学生活全般に関わる多様な文章作成を、ライティングセンターはどこまでサポートしていくべきなのだろうか。

　この問題については、さまざまな考え方がありうるだろう。ライティングセンターは学術的なライティング支援に集中し、本来の学習支援組織としての使命に専念すべきだというのもひとつの考え方であろう。だが、授業におけるレポート作成であれ、課外での多様な文章作成であれ、学生にとっては同じ文章作成であり、学術的なものでなくてもライティングに問題を抱える学生は多い。それゆえ、ライティングセンターも、できるだけ広い範囲で学生のライティング支援に関わり、学生のライティング力の多様な育成に寄与すべきだという考え方にも十分な理由がある。

　このように、ライティングセンターが支援すべきライティングの範囲にはさまざまな考え方がある。支援の範囲をどのように設定し、どのような種類のライティングの支援に重点を置くかは、それぞれのライティングセンターの考え方によって異なるものであり、どのような方針が望ましいか一概にいえるものではない。

　ただ、本章で述べてきたような、社会で求められている力の育成を視野に入れたライティング支援という理念を踏まえるなら、学術的な文章だけでなく、学生生活に広く関わる文章作成を含めた支援を行っていくほうが理念に合致しているということはいえるであろう。そのような多様な文章作成は、大学での学びと大学卒業後の社会生活を結びつけるものといいうるからである。ライティング支援は、学生の生活全体を含みこむようなものになって、はじめて学生の将来的なキャリア形成に結びつくのである。

　そこで、最後に、ライティングセンターの支援が最終的に目指すべき支援のあり方を巡るひとつの考え方を提示することにしたい。

3.2 キャリアをみすえて〈考え、表現し、発信する力〉を育てる

　すでに考察したように、社会は、「社会人基礎力」や「学士力」のような、社会生活において有効に活用できる汎用的な能力の育成を、大学に求めるようになっている。そして、〈書く力〉の育成は、そのような汎用的な能力育成に効果的なものであり、ライティングセンターの支援も、そのような能力の育成を視野にした支援を展開すべきだというのが、本章での主張であった。

　大学での学びのなかで〈書く力〉を培うことにより、われわれは学生の持つ能力を総合的に育成し、社会で活躍できる人材を育てていくことができる。そのような〈書く力〉がもたらしてくれる社会的能力を、関西大学と津田塾大学の取組では〈考え、表現し、発信する力〉と呼び、その育成を最終的な目標としてきた。

　〈考え、表現し、発信する力〉とは、「学士力」が想定しているような総合的な力の姿をライティング支援の文脈のなかで捉え直し、再定義したものである。「学士力」では、さまざまな知識や多文化・異文化理解を基盤にして培われる「汎用的技能」と「態度・志向性」が合わさり、最終的には、学んだ知識を活用し、自らの課題解決につなげていくことのできる創造的思考力の獲得に至ると考えられていた。〈書く力〉は、そうした多様な力のすべてを育成しうるわけではない。しかし、それはその中核的な力を育成しうるものであり、さまざまな力を総合的なかたちで育成し、ひとつにまとめていくことに寄与しうるものであった。こうして〈書く力〉の育成によって得られる総合的な能力が、〈考え、表現し、発信する力〉なのである。

　まず、〈書く力〉を支える基盤となるのが考える力である。すでに指摘したように、書くという行為は、批判的・論理的に考えることなしには成り立たない。そして、そのときの考える力とは、自ら問題の解決を模索し、答えを発見するという創造的な力であった。

　〈書く力〉は、さらに、そのようにして到達した自らの見解を、論理的な議論として構築し、表現していく力である。これは、〈書く力〉が、単に自己自身の中で完結する閉塞的な力ではなく、つねに他者に開かれ、他者とのコミュ

ニケーションを可能にするような力であることを意味する。書くという行為は、他者に向けられた社会的行為なのである。〈書く力〉は、最終的には、社会に向けて発信する力をもたらしてくれる。それゆえ、〈書く力〉の育成は、主体的に問題を考えて解決し、それを他者に伝えて、コミュニケーションを形成し、社会的発信をしていく〈考え、表現し、発信する力〉に結実していくことにつながっていくのである。

　しかし、日本の大学教育において、このような〈考え、表現し、発信する力〉を持った人材の育成は、必ずしも成功しているわけではない。むしろ、学生は内向きとなり、他者や社会への関心は薄れていっているようにもみえる。そのような状況のなかで、ライティングセンターの支援は、〈考え、表現し、発信する力〉の育成に寄与し、社会に主体的に参画していくことのできる人材を育成するものでなければならないだろう。

　ライティングセンターは、このような力を育成できる組織に成長する可能性を秘めている。学生のキャリア形成を見据え、卒業後の社会的活動も視野に入れた幅広い支援を展開することによって、ライティングセンターは、単なる学習支援組織という枠を超えて、学生の人間形成全体に寄与しうる組織に成長していけるのではないだろうか。

注
1　経済産業省ホームページの「社会人基礎力」(http://www.meti.go.jp/policy/kisoryoku/) を参照。
2　中央教育審議会「学士教育課程の構築に向けて (答申)」を参照 (http://www.mext.go.jp/b_menu/shingi/chukyo/chukyo0/toushin/1217067.htm)。
3　トゥールミンモデルについては、S. E. Toulmin, *The Uses of Argument*(Updated Edition), Cambridge University Press, 2003 (スティーヴン・トゥールミン著、戸田山和久・福澤一吉訳 2011 年『議論の技法　トゥールミンモデルの原点』、東京図書) のとりわけ第 3 章を参照。

第 2 章

関西大学ライティングラボ

多田泰紘、岩﨑千晶、中澤務

　本章では、関西大学のライティングセンターである「ライティングラボ」で実施されているライティング支援について解説する。関西大学ライティングラボは、関西大学文学部のライティング支援組織「卒論ラボ」として発足したが、その後「ライティングラボ」に改編されて、全学的な支援組織となり、現在も発展を続けている。まず、関西大学におけるライティングラボの設立の経緯と歴史、支援の理念と活動等について紹介したあと、具体的な運営や課題などについて解説していくことにしたい。

1．関西大学ライティングラボの設立の経緯と歴史

　関西大学ライティングラボは、関西大学文学部学生のためのライティング支援組織「卒論ラボ」として、関西大学文学部に開設された。関西大学はライティングセンターをライティングラボと呼称している。開設のきっかけとなったのは、文部科学省の「大学教育・学生支援推進事業　大学教育推進プログラム」に、「文学士を実質化する〈学びの環境リンク〉―卒論ラボ・スケール・カードの有機的な連携による"気づき"を促す仕組み作り―」という文学部の取組が採択されたことであった。
　この取組の趣旨は、卒業論文の作成を通して、学びのためのさまざまな能力を培い、「学士力」が求める総合的な能力を実質化し、社会の中で生きていく力を育むというところにあった。そして、学生が4年間を通じてライティング支援を受け、ライティング力を育成するために、学生がアカデミック・ライティングの指導を受けることのできる「卒論ラボ」が設置され、さらに、

支援を有効化するために、ウェブ環境で提供されるポートフォリオ「卒論カード」と、4 年間の学びを通したライティングの評価基準である「卒論スケール」の開発が行われた。これら 3 つを有機的に組み合わせて活用する〈学びの環境リンク〉を作り出し、学士教育の質を向上させようというのが、この取組の目的であった。

　この取組は、2010-2011 年度の 2 年間にわたって展開され、この間に、ライティングセンターの基本的な理念と環境の整備が行われていった。そこで培われた支援の理念は、現在でもライティングラボの理念として引き継がれている部分が多い。

　文学部での 2 年間の取組終了後、この取組の理念を全学に拡大していくために、「卒論ラボ」の全学化が図られた。2012 年に関西大学教育推進部教育開発支援センター内に「ライティング支援プロジェクト」が設立され、運営母体が変更されるとともに、名称も「ライティングラボ」と改称された（図 2-1）。

　さらに、この全学化と並行して、2012 年度には、文部科学省の「大学間連携共同教育推進事業」に、「〈考え、表現し、発信する力〉を培うライティング／キャリア支援」に採択され、津田塾大学との共同事業による、ライティングセンターの整備事業が開始された。この事業は、2016 年度までの 5 年間にわたって展開されたが、関西大学では、この事業を通して、全学に向けた支援体制の拡充が行われていった。

　もっとも大きな拡充は、支援対象となる学部・学生の拡大にともなう支援場所の拡大であった。関西大学は、全国的にも有数の大規模大学であり、学生数の多さばかりでなく、他の大規模大学と同様に多数のキャンパスが存在している。散在するキャンパス全体に支援を拡大させていくことが、最大の課題となった。また、中心的なキャンパスである千里山キャンパスには、10 学部が存在しており、広いキャンパスに学舎が散在している。このような広いキャンパスで、各学部の学生の利便性を考えて、どのように支援拠点を布置するかも、大きな問題であった。当初、ライティングラボは、文学部での取組の際に設置された拠点を利用し、支援場所も一箇所のみであったが、次第に支援場所を拡大させていき、千里山キャンパスに複数の支援拠点を設置

したほか、他の全キャンパスについても、支援拠点の設置が実現している。

連携事業の進展にともない、支援の理念も変化していった。「〈考え、表現し、発信する力〉を培うライティング／キャリア支援」では、ライティング支援の理念として、ライティング力の育成を通して培われる〈考え、表現し、発信する力〉の育成が掲げられ、支援内容も、たんなるアカデミック・ライティング支援に留まらず、学生のキャリア形成全体を見すえて、社会で主体的に生きる力の育成を支援する「ライティング／キャリア支援」の理念のもとで再構築されることになった。これにともない、関西大学ライティングラボでも、支援内容を大幅に拡張し、大学生活での多様なライティングをも視野に入れた支援体制を確立していった。

文部科学省による連携事業支援は 2016 年度をもって終了したが、終了後も、関西大学では、津田塾大学との連携を保持しつつ、本取組での支援理念を引き継ぎ、支援の拡大と充実に努めている。

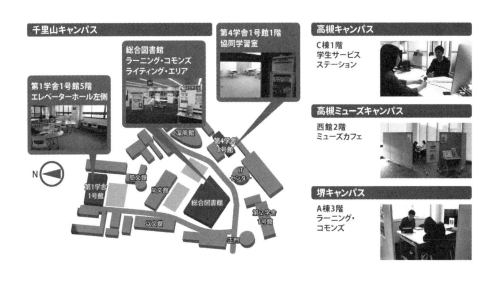

図 2-1　関西大学ライティングラボの配置

1.2　支援の理念

　関西大学ライティングラボでは、発足以来、一貫した理念のもとにライティング支援を実施してきた。それは、全学への展開や大学間連携事業の展開を通してさまざまに変化したが、基本的な理念は変わっていない。以下、重要な点をまとめよう。

①アカデミック・ライティングを中心として、対面による個別支援を行う

　ライティングラボでの支援は、当初から、学生との対話を通して「気づき」をうながす支援を目指し、そのための個別指導による支援体制を構築してきた。当初は、卒業論文に集約されるアカデミック・ライティングのサポートのみを行っていたが、「ライティング／キャリア支援」の理念を取り入れ、アカデミック・ライティングを中心としながらも、学生生活に関わる多様な文書作成も支援対象としている。

②ライティング支援を通して、社会で生きる多様な力を育成する

　ライティングラボの支援では、たんに学術的文章の書き方を教えるだけでなく、多様なライティング支援をとおして、社会で生きるための力を育成することを目標に掲げている。これは、文学部で支援が開始された当初からの支援理念であり、実際のライティング指導においても強く意識されている。

③学部教育と有機的に連携して、学びをサポートする

　ライティングセンターは、学部教育から切り離された組織であってはならない。ライティングラボでは、当初から、学部教育との有機的な連携が支援の成功の鍵を握ると考え、積極的な授業連携を展開してきた。学部の教員との積極的な協力関係を構築し、専門教育のあらゆる場面で、ライティングのサポートを行い、学部での教育の質を高めていくことが、ライティングラボの使命だといえる。

1.3　ライティングラボの運営

　ライティング支援を行う全学的組織を運営するとき、まず課題となるのが、運営資金の確保であろう。関西大学でも、ライティングセンターの設立は、文部科学省の教育改革事業の資金で行われ、その後、7年間にわたり、文部科学省からの資金の提供を受けて運営されてきた。この間、実績を積むことにより、大学側の理解を得て、支援期間終了後は、大学の通常経費のなかで予算処理がなされている。

　ライティングラボのような全学的組織を安定的に運営していくためには、資金面ばかりでなく、組織的な後ろ盾が不可欠であろう。関西大学では、ライティング支援のための組織「ライティング支援プロジェクト」を、教育推進部教育開発支援センター内に設置し、教員・事務職員の配置を行っている。

　ライティングセンターの運営においては、実務を担当する専任の教職員が必要となる。関西大学では、現在、1名の運営担当者が、実質的な運営業務に当たっている。

　このほか、運営においては、学生に対する個別指導を行うチューターが不可欠である。ライティングラボでは、大学院博士後期課程に在籍あるいは在籍経験のある学生が、チューターとして指導に当たっている。これらチューターの指導技術の育成も、ライティングラボの重要な業務であり、定期的な研修が実施されている。

1.4　ライティングラボの活動

　ライティングラボでは、ライティング支援のための多様な活動が実施されている。主要なものをまとめると、以下のようになる。

①個別指導

　チューターによる個別指導が、ライティングラボの活動の中心となっている。ライティングラボでは、学内に存在する複数の支援場所で個別指導を実施し、学生は1回40分の指導を受けることができる。予約はウェブ上の予約システムを利用することができ、予約の入っていない時間帯には、予約なし

でも対応している。自発的に個別指導を受ける学生も存在するが、授業のなかで教員の指示を受けて指導を受けにくる学生も多い。

②セミナーの実施

ライティングラボでは、個別指導のほか、ライティングに関わる各種のセミナーを実施している。内容としては、個別指導を補完するような、ライティングをめぐる基本的な知識や技術を教えるものが多い。課外セミナーであるため、実施の時期や時間帯の設定に配慮が必要となるが、熱心に受講する学生も多い。

③授業連携

学部授業と連携し、サポートすることも、ライティングラボの重要な業務である。ライティングラボでは、ライティングをめぐるテキストの配布のほか、授業時間内に教室までおもむき、ライティングラボの活用方法や、ライティングについての基礎的な知識を解説する出張講義などを実施している。また、授業のなかでライティングラボの利用を指示した場合、学生の利用状況等についての情報を教員に提供し、授業での指導に活用できるような環境を整えている。

④ライティング用教材の開発

ライティングラボでは、学習者が自立的に学ぶこと、また教員がより効果的にライティング指導を行える環境づくりを目指して、教材の開発を行っている。これまでにレポートの書き方ガイドブック（基礎編・応用編）、日本語ライティング用eラーニングを開発している。これらの教材は学内外において学生、教職員が自由に活用できるようにしている。

以上が、関西大学ライティングラボの概要である。以下では、ライティングラボにおける支援の実際をとりあげ、その特徴や問題点を詳しく考察していくことにしよう。

2．ライティングラボの利用傾向

　本節では関西大学ライティングラボに寄せられたアカデミック・ライティングに関する個別相談(個別指導)データと、ライティングラボが開催した「レポートの書き方ワンポイント講座」の参加者アンケートを用いて、利用傾向の分析を行う。ライティング学習支援の現状について、ライティングラボをひとつの事例として取り上げ、学生のニーズと課題について考察する。

　最初に大学におけるライティングとライティングセンターによる支援はどのようなものか、その概要を述べる。まず、アカデミック・ライティングは高等教育におけるレポート作成や学位論文執筆の技能あるいはその行為を指す(Jordan 1997)。学生は授業課題としてレポートを書き、レジュメやプレゼンスライドを使って口頭発表を行う。そして卒業論文を作成して学位を取得する。大学生にとってアカデミック・ライティングは学生生活と不可分な行為であり、大学における学びの基盤である。そのため、大学およびそこに所属する教員はライティングの知識・技術の指導、将来の論文執筆に向けた論理的思考法の教授を行っている(井下 2013)。実際に、全国のおよそ8割の大学において授業内外の学習支援プログラムが実施されている(文部科学省 2015)。

　ライティングセンターは、学生と教員(あるいは大学や、学部・学科の授業科目)の間に立ち、授業内外での学生のライティング学習を支援する役割を担っている(Harris 2005)。ライティングセンターが置かれている状況はその規模や対象とする学生の学力など各大学によりさまざまであるため(吉田ら 2010)、常にその状況を分析し、学生のニーズや課題と結びついた運営が求められる(Simpson 2003)。

　ライティングラボは2012年度より関西大学全学部学生を対象にアカデミック・ライティングに関する学習支援を行ってきた。ライティング支援を始めてから5年以上が経過していたため、ライティングラボはこれまでの学習支援の状況を解析、課題を抽出し、学生のニーズにより適合した支援体制へ再構築を検討した。

2.1　個別指導とワンポイント講座の概要

　ライティングラボでは、①学部学生を対象としたアカデミック・ライティングに関する個別指導、②１年生を主な対象としたライティングスキルに関する課外セミナー「レポートの書き方ワンポイント講座」、③ライティングラボのアカデミック・アドヴァイザーが初年次科目の授業に出張し、ライティングラボの利用方法に関するガイダンス（利用ガイダンス）やレポートの書き方などに関するミニレクチャー（出張講義）、④レポートの書き方に関する自習用資料・教材「レポートの書き方ガイド」の配布を行ってきた。

　ライティングラボは2012年度より全学部学生を対象に、レポート・卒業論文・レジュメといったアカデミック・ライティングに関する個別指導を全学的に展開している。学生は課外で課題等に取り組む時に、ライティング・チューター（大学院生博士後期課程・PD）からアドバイスを受けることができる（図2-2）。ライティングラボのミッションは「自立した書き手を育てる」ことであるため、「添削を行うのではなく、対話により学生の気づきを促す」ことを個別指導の

図 2-2　個別指導の様子（右がチューター）

図 2-3　ワンポイント講座の様子

理念としている。

　一方、個別相談の開始と同じ 2012 年度より、主にレポート作成の基本スキルに関する課外セミナー「レポートの書き方ワンポイント講座」を不定期で開催してきた。学生はこの講座に参加することで、昼休み等の課外の時間にレポートの体裁や構成、主張の根拠となる情報の探し方、読解、引用方法など、ライティングスキルに関するレクチャーを受けることができる (図 2-3)。

　このうち、本節では 1) 2015-2016 年度の個別相談のデータ分析結果 (多田ら 2018) と、2) 2015 年度のワンポイント講座の参加者アンケートの集計結果よりライティング支援に対する学習者のニーズについて考察する。

2.2　個別指導の体制と相談の流れ

　2017 年度末時点で 20 名程度のチューターが活動している。各チューターは自身の専門分野に寄らず、さまざまな学部の学生からの相談に対応する。指導に際して、専門知識や研究手法等に深く言及するのではなく、論理展開や文章の構成について他分野の視点からアドバイスを行うよう心掛けている。

以下は、学生が個別指導を受けるときの概要を時間軸に沿って説明したものである。

① 予約とライティングラボの訪問

ライティングラボは相談を希望する学生に対して、ウェブ上での予約を推奨している。

相談を希望する学生は TEC-System を通してウェブ上で、希望日や時間帯（1コマ40分単位）、相談する文章の種類、相談内容を入力し、予約を行う。作成中の文書がある場合は、データファイルをアップロードすることもできる。

チューターは自身のシフト内に予約が入った場合、TEC-System 上で担当する学生および相談内容を確認する。同じ時間に複数の相談学生がいた場合にチューターのうちの誰がどの学生の指導を行うか（マッチング）は、各チューターの判断に任されている。なお、学生は予約した段階では自分の相談を担当するチューターが誰かは分からず、来室した段階で初めて知る。

予約が優先ではあるが、対応可能な人数に余裕がある場合はウォークインでの相談も可能である。ウォークイン相談の場合、学生は直接相談場所へ行き、チューターに相談を依頼する。

学生は4キャンパス6つの相談場所（図2-1）のどこを訪れてもかまわない。

②個別指導

上述のように、学生は指導を担当するチューターと初めて会うケースが多くなるため、相談に対する緊張や、自分の抱える問題を打ち明ける気恥ずかしさを抱えている。指導にあたり信頼関係（ラポール）の形成が重要となる。チューターは簡単な自己紹介や、予約時の相談内容と現在の進捗状況の確認を行いながら、学生の会話を促し、心理的な距離を近づけていく。相談内容や課題の進捗状況の確認は、40分でできる指導・アドバイスの方向性について共通理解を築くことにもつながる。

指導は、「自立的な書き手を育てる」ことを目標に、学生が文章の問題点に自ら気づき、解決策を模索するサポートを行う。どんな指導方略を用いるかは、

チューター各人のその場の判断に任されている。たとえば、学生に作成中の文章を読んでもらう、文章の主張やその根拠を説明してもらう、チューターからの質問に答えてもらうなどして、自分の文章を客観視するとともに、問題点に気づくよう促している。

③指導後

学生へのフォローアップと授業連携教員(第6章参照)へのフィードバックを行う。指導を担当したチューターはTEC-Systemを通じて学生へコメントを送ることができるようになっている。具体的には、指導やアドバイスの内容をまとめたメッセージを送り、学生が相談を振り返り、文章を修正できるよう促したり、相談内容に関するワンポイントスキルを紹介したり、継続的な相談が必要な場合は再来室を誘導したり、といった使い方がされている。

また、学生へライティングラボの利用を指示した教員に対して、相談の様子を報告する文書(利用証明書)の発行を行う。

2.3 個別相談の利用傾向と課題の解決方法

2012年度から2016年度の個別相談(個別指導)を利用した学生の月別数値を表2-1に、学年ごとの相談数の時間的推移と相談対象となった文章の種類を図2-4、2-5に示す。

まず、1年生は春学期(4-7月)に集中して相談に訪れる傾向があった。特に、レポート作成に関する相談が多く寄せられた。12月前後に4年生の相談数が急増し、その多くは卒業論文に関する相談であった。また、2年生および3年

表2-1 個別相談の推移（人）

年度	4月	5月	6月	7月	9・10月	11月	12月	1月	計
2012	2	26	62	139	57	18	34	54	392
2013	19	167	131	150	36	74	60	50	687
2014	38	115	152	257	59	76	91	67	855
2015	35	213	256	297	102	124	124	166	1317
2016	38	196	264	360	55	105	141	114	1273

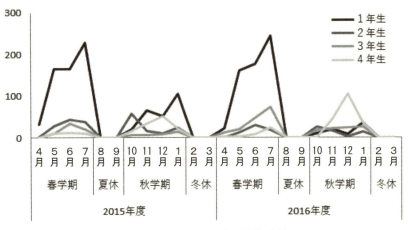

図 2-4　延べ相談者数の推移（人）

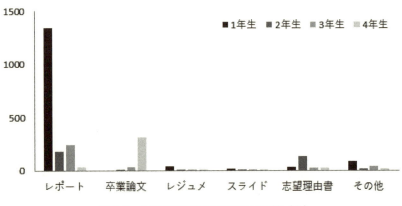

図 2-5　文書種類別相談数の学年比較（人）

生からの相談は1年を通して比較的少ないものの、10月に2年生からの相談数が一時的に増加した。10月に相談に訪れた2年生のおよそ9割は志望理由書を持参していた。関西大学において、2年生の10月頃に、3年生以降のゼミ所属希望先へ志望理由書を提出する学部が多いことが理由のひとつと考えられる。以上の結果より、1年生であればレポート、2年生は志望理由書、4年生は卒業論文と、初めて書く文章に関する相談ニーズが増加すると考えられる。特定の文章に関する相談が特定の時期に集中する傾向があり、アカデ

ミック・アドヴァイザーやチューター間で、現在相談が寄せられているレポート課題の内容や卒業論文のスケジュールなどの情報を共有するなど、相談対応の体制を整えることが必要である。

ライティングラボを1回のみ利用した学生(1回利用者)と2回以上相談に訪れた学生(リピーター)の1回目と2回目以降の相談時期の推移と相談対象となった文章の種類を図2-6、2-7に示す。

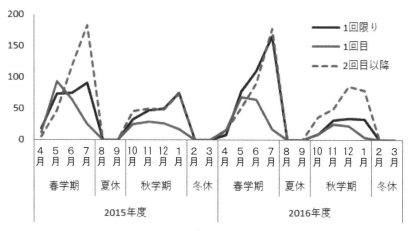

図2-6　1回限り利用者とリピーターの推移（人）

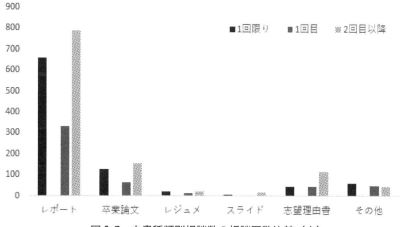

図2-7　文書種類別相談数の相談回数比較（人）

まず、1回利用者は各学期末(7月および1月)に相談を行い、以降利用しないという傾向が見られた。一方、リピーターは5月前後の早い時期に最初の相談に訪れる傾向が見られた。なお、リピーターの2回目以降の相談は学期末に集中していた。

文章の種類と関連付けて分析すると、1回利用者の半数以上が「ひと通り書いた」か「ほぼ完成した」授業課題レポートを持参していた。提出時期が近付き、ある程度書き上げた文章の確認・修正を目的としてライティングラボを利用していると考えられる。チューターの相談記録より、文章表現や引用方法の確認などプロダクト・アプローチ的な対応が比較的多くなっていた。しかしながら、テーマ設定や文章校正など比較的大幅な改訂が必要な状況も散見された。チューターからのアドバイスはあるものの、提出までに時間的余裕がなく、修正した後の再来室に至っていないケースが多いと考えられる。他方、リピーターは、レポートと留学やゼミ所属の志望理由書の相談が多く、特に2年生は志望理由書の作成に関して繰り返し相談を行う傾向にあった。リピーターの相談内容として、1回目は文章を書いていないか、書き始めて間もない段階で来室しており、2回目以降の相談では完成に近い文章を持参していた。リピーターは複数回の相談を経て文章を完成させており、継続的な学習支援が実施されているものと考えられる。特に1回目の相談が文章を書く前の段階である場合、テーマ設定や文献収集などライティングプロセス全体におよぶサポートが可能である。

教員からの指示を受けて来室した相談者(指示受け来室者)と自発的に来室した相談者(自発的来室者)の時間的推移を図2-8に示す。この図より、指示受け利用者は5月と7月に相談件数が有意に多く、この時期は1、3年生のレポートの相談が多いことがわかる。他方、自発的来室者は10月と12月に相談件数が増加する傾向が見られ、10月は2年生の志望理由書の相談が、12月は4年生の卒業論文に関する相談が多かった。

自発的来室者の多くはある程度文章を書き進めているものの、相談に際し文章表現の確認など間違いを指摘し、正しい表現を教えてほしいというプロダクトアプローチを求める割合が多かった。正課教育と連携したサポートは、

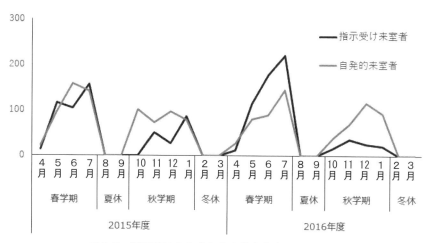

図 2–8　指示受け来室者と自発的来室者の推移（人）

授業課題のレポートに関する相談対応がメインとなるため、1、3年生の利用が多くなったと考えられる。一方、ゼミに配属され卒業研究に取り組む4年生は自発的な利用に留まることが示唆された。また、志望理由書の書き方は正課教育で扱わないため、その相談はすべて自発的来室者によるものであった。今後は卒業論文や志望理由書など正課教育外のライティングについても、教職員と連携した支援体制を構築する必要がある。たとえば、指導教員から卒業論文を書く際にセンターの利用を促す、学生支援組織を通じて志望理由書等の個別相談に関する広報を行うなど、学生の利用促進を図るなどが考えられる。

　上記と対照的に、レポート課題に取り組む機会が多いはずの2年生の指示受け来室者数が少ないことが明らかとなった。2年生は自発的な利用者も少なく、今後、正課教育との連携拡大を図るとともに、課外セミナーやeラーニング教材の提供など、個別相談と異なる支援体制を展開していく必要がある。

2.4　ワンポイント講座参加者の傾向と課題の解決方法

　ワンポイント講座の開催数と学年別参加人数を**表 2–2**に示す。どちらの年度も1年生の参加が多い傾向にあった。年度により開催場所や時間、テーマ

表 2-2 ワンポイント講座の参加人数（人）

年度	1年生	2年生	3年生	4年生	その他	計
2015	421	19	20	6	0	466
2016	281	25	11	0	7	324

が異なるが、開催場所に近い学部の学生の参加が比較的多く見られた。この結果から、大学に入学し、初めてレポートを書く1年生が文章作成に関する不安を抱え、また課外での学習意欲も高いと考えられる。言い換えると、1年生を対象としたワンポイント講座は有効な支援手法のひとつであろう。その一方で、1年生以外の参加はまだ十分に促されていない。このことは、現在のワンポイント講座のテーマや開催日程が学生のニーズや状況に合っていない可能性を示している。そこで、個別相談の分析結果をもとに、たとえば4年生を対象に卒業論文作成に関する講座を秋学期に開催するなど、学年ごとのニーズに沿ったテーマの講座を、学生のスケジュールに合わせて展開していくことが今後必要となる。また、春学期中盤以降にしばしば1年生の参加数が減少することがある。これは、テーマや開催スケジュール、広報といったライティングラボ側の課題と、授業が進みレポート等が課され、個別の問題点を指導を受けて解決したいという学生側の状況のふたつの要因が考えられる。こちらも、個別相談の分析を進めるとともに学生の置かれた状況を考慮した支援を検討する必要がある。たとえば、全員を対象とした課外セミナーの代わりに、授業進行に合わせてカスタマイズした出張講義を正課授業内で行うといった支援手法が考えられる。

　参加者に対するアンケート調査を分析すると、高槻ミューズ、堺の両キャンパスでは、授業担当教員からの薦めが参加を促しているのに対し、学部数・学生数ともにもっとも多い千里山キャンパスでは、インターネットによる学内イベントの伝言・通知が、高槻キャンパスでは学内掲示物による周知が、広報上、効果的であった(関西大学教育開発支援センター・津田塾大学ライティングセンター 2015; 2016)。また、講座に対する満足度について、いずれの年度、キャンパスにおいても「満足」および「まあ満足」と答えた学生が85％以上であった(満足、まあ満足、やや不満、不満の4段階で質問)。以上の結果より、ワンポイン

ト講座はライティング支援のひとつとして学生に受け入れられているといえる。その一方で、広報や周知については開催場所のキャンパスや学部の状況、組織文化に応じた手法を模索する必要がある。特に、教職員との協働が必要不可欠であり、日常的な意見交換やつながり作りが重要となる。

2.5　出張講義とライティングラボの利用指示

　関西大学ライティングラボでは、正課や課外における学習活動を通して学びを生成するために、授業連携を強化している。授業連携は主にふたつの方法を採用している。

　ひとつ目の「出張講義」は、教員が担当する授業に出向き、ライティングに関する講義を担当することである。出張講義は初年次教育を中心に利用のニーズが高く、レポートの書き方とライティングラボの利用方法に関する 20-30 分程度のミニレクチャーを中心に行っている。なお、教員が個別に講義依頼を寄せる場合もあれば、学部の必修科目において複数クラスの受講生を対象に実施することもある。出張講義の内容は事前に教員と打ち合わせを行い、議論を経て授業の目的を設定した上で行っている。教員が希望する授業内容を把握しやすいように、ライティングラボでは、出張講義メニューを準備している（図 2-9）。このような出張講義を繰り返すことで、ライティングラボの利用者も増えていき、卒業論文の準備として 3、4 年生のゼミから依頼を受けることもある。卒業論文の場合は、本を読んで要約することや論文の構成等に関する依頼を受ける。何を書くのか、学年により初年次教育とは異なったニーズが寄せられている。

　ふたつ目の「ライティングラボの利用指示」は、教員が授業課題についてライティングラボを訪問し、指導・アドバイスを受けるよう学生に指示するものである。レポート等の授業課題の相談を通じて、正課教育とライティングラボでの学習相談を結びつける活動をしている。利用指示では、授業担当教員とライティングラボのアカデミック・アドヴァイザーおよびチューターが、授業課題の目的、授業で重視していること、どのような点をライティングラボで確認してほしいのかといったアドバイスの方向性に関する情報を事前に

レッスンNo.		テーマ	各テーマの学習目標
1	1	レポートライティングの心構え	・基本的なレポートの書き方について説明できる ・レポート執筆のための計画を立てることができる
	2	「文章を書く」とはどういうことなのか？	・書く仕組みについて説明できる ・レポートを書きたいという欲求が高まる仕組みを説明できる
	3	様々な種類のレポートと論文構成	・レポートの種類や特徴を説明できる ・基本的なレポートの構成を説明できる
	4	レポートの書き方・性質・他の書きものとの違い	・レポートと他の書き物との違いを説明できる
	5	レポートのレイアウト	・レポートの基本的な体裁について説明できる
	6	ライティングラボに行ってみよう！	・ライティングラボで何ができるかを説明できる
2	1	レポートに必要な資料を探そう！	・資料の検索に必要な基本的事柄を説明できる
	2	引用・剽窃	・引用の役割や種類について説明できる ・剽窃について理解し、剽窃にならない形で適切な引用ができるようになる
	3	参考文献の書き方	・参考文献の書き方について理解し、著作物の種類ごとに参考文献を書き分けることができる
	4	実験ノートの書き方	・実験ノートを正しく書くことができる ・フィールドノートを正しく書くことができる
	5	リーディング①速く読む・要約する	・文章を速く読解する方法を説明できる
	6	リーディング②クリティカルに読む	・クリティカル・リーディングの基本的な考え方と方法を説明できる
	7	レポートのテーマを設定する	・テーマ設定の基本的な考え方を説明できる
	8	レポートのアウトラインを作る	・アウトライン作成の考え方や方法を説明できる
	9	レポートはパラグラフ形式で書こう	・パラグラフ・ライティングの基本的な考え方を説明できる
3	1	様々な種類のレポートと論文構成（1−3と同内容）	・レポートの種類や特徴を説明できる ・基本的なレポートの構成を説明できる
	2	タイトル、見出しの作り方	・タイトル、見出しの基本的な作り方を説明できる ・自分の文章に適したタイトルや見出しを考えることができる
	3	序論の基本的な書き方（問題の背景、レポートの目的、調査方法）	・序論に書くことを説明できる ・問題の背景、レポートの目的、調査の方法で書くこと、配慮すべき点を説明できる
	4	本論・結論の基本的な書き方（結果と分析考察、まとめ）	・本論・結論に書く内容を説明できる ・本論で書くべき結果と分析考察や、そこで配慮すべき点を説明できる ・結論で書くべきまとめ、今後の課題や、そこで配慮すべき点を説明できる
	5	実験レポートの書き方	・目的・手法・結果・考察に書く内容を説明できる ・図・表を正しく使用することができる
	6	実験データの扱い方	・有効数字を正しく扱える ・グラフを正しく書くことができる
	7	論理の展開・論理的な構成	・論理的な文章とはどのようなものか、なぜ論理的な文章を書く必要があるのかを説明できる ・議論の論理的展開を考え、論理的構成のしっかりした文章を書くことができる
	8	主張に対する根拠の提示	・主張と根拠とはどのようなものかを説明できる ・説得力のある根拠を提示できる
4	1	主語と述語の対応	・「主語と述語の関係」に注意し、わかりやすい文を書くことができる
	2	レポート・論文で使える表現1	・話し言葉と書き言葉の違いを説明できる ・文中・文末表現を知り、レポート・論文で使うことができる
	3	レポート・論文で使える表現2	・副詞・接続詞を知り、レポート・論文で使うことができる
	4	レポート・論文で使える表現3	・ナンバリングをどう使えばよいか説明できる ・レポート、論文で使う具体的な表現を使えるようになる
	5	レポート・論文で使える表現4	・句読点を正しく使うことができる ・レポートで使える助詞を使うことができる ・数値を示す表現を使うことができる
5	1	提出前の最終確認	・ルーブリックを活用して、レポートの確認、見直しができる。
	2	レポートを見直し、よりよいレポートを書こう	・レポートを見直する方法を説明できる ・レポートを見直し、内容を改善できる

図2-9　ライティングに関する出張講義のメニュー

共有している。チューターは、教員の授業方針や要望をもとに、学生の指導を行う。また、相談後に教員に対して、どの学生がライティングラボを利用したのか、どのような相談状況であったかを書面で報告している。

上記の出張講義と授業連携について第6章で詳しく述べる。

3．複数のキャンパス・学部におけるライティング支援

3.1 ライティング支援を複数キャンパスで展開するに至った経緯

本節では、関西大学ライティングラボによる複数のキャンパスにおけるライティング支援の展開事例を紹介し、離れた場所にいる学生を対象としたアプローチとその課題について考察する。

関西大学は8つのキャンパスを有しており、ライティングラボの支援対象となる学部学生が在籍しているキャンパスは4つある。このうち学部数・学生数が最多の千里山キャンパスは、ライティングラボの出発点であり活動の中心地となっている。千里山キャンパス以外へのライティング支援について、2014年度より個別相談および課外セミナー「レポートの書き方ワンポイント講座」を他の3つのキャンパスで開始した。離れたキャンパスにおいてライティング支援を開始したわけであるが、高槻、高槻ミューズ、堺の3つのキャンパスはそれぞれ1学部からなり、授業科目やカリキュラム、学部のポリシーも他と異なる。そのため、学生が取り組むレポート課題や学位論文の内容も各キャンパス特有の状況が存在する可能性をもっていた。本節では教育内容や学生の状況も異なる複数のキャンパスにおいて、どのようにライティング支援を展開してきたかを記述し、異なる場所、異なる状況でライティング支援を行う上での要点について考える。

本章第1節で述べたように、ライティングラボは千里山キャンパスの文学部で誕生したため、千里山以外のキャンパスに所属する学生への支援はライティングラボが抱える課題のひとつであった。大学の政策目標のひとつとして全キャンパスにおける学習環境の整備・連携が挙げられており、全学部学生へのライティング支援の展開と公平な学習機会の提供を目的として、千里

山以外のキャンパスにおけるライティングラボの活動を開始することとなった。

3.2 高槻キャンパスにおけるライティング支援

2014年10月に高槻キャンパスの学生サービスステーション内に個別相談場所を設置した。この個別相談場所では、総合情報学研究科の大学院生をチューターとして配置し、学生からのレポートや卒業論文作成等に関する相談に対応した（図2-10）。

これまでの個別指導の状況に関して、対応チューター数や開室日数・時間帯が年度により異なるため正確な分析はできないものの、千里山キャンパスと比較すると秋学期に相談が増加する傾向にある。この秋学期の相談の多くは卒業論文に関するものであった。また、高槻キャンパスに所属する教員や大学院生によると、「レポート課題を課す授業は多くないが、卒業論文に対す

図2-10　高槻キャンパスのライティングラボ

表 2-3　高槻キャンパスにおけるワンポイント講座の参加人数（人）

年度	テーマ	参加人数
2014	レポートの基礎知識	107
2015	レポートテーマ、文献収集、構成、引用	94
2016	レポートの構成、引用	91

る指導は研究室単位で取り組むことが多い」ようで、これが秋学期の相談数増加につながっていると考えられる。

　上記個別相談より前、2014 年度春学期よりレポート作成の基本知識・スキルに関する課外セミナー「レポートの書き方ワンポイント講座」を高槻キャンパスで実施し、これまでに延べ 295 名の参加があった (表 2-3; 関西大学教育開発支援センター・津田塾大学ライティングセンター 2014; 2015; 2016)。このうち 2015 年度の参加者アンケート (回答数 94) を分析すると、1 年生の参加が最も多く (73 名、約 78％)、4 年生の参加はなかった。参加者の多くは、教員や他の学生からの口コミや学内掲示板を見て開催を知ったと回答している。また、セミナーの参加動機について聞いたところ、「レポートのことで困っていたから」が最も多かった。以上のアンケート結果から、初めてのレポート課題に戸惑っている 1 年生が、ワンポイント講座開催を掲示板や友人の話で知って参加する傾向が見てとれる。

3.3　高槻ミューズキャンパスにおけるライティング支援

　関西大学社会安全学部からの要請を受け、2017 年 12 月に高槻ミューズキャンパスミューズカフェ内にライティング個別相談場所を設置した。ここに社会安全学研究科の大学院生チューター 1 名と千里山キャンパスのチューター 1 名を配置し、学生からのレポートや卒業論文作成に関する相談に対応した (図 2-11)。

　ラボの開室より日が浅く、また対応チューター数や開室日数・時間帯が千里山キャンパスと異なるものの、2017 年度秋学期の相談者 12 名のうち 4 名が高槻キャンパス所属の学生であった。他キャンパスに所属する学生が一定頻度相談に訪れることは高槻ミューズキャンパスの特徴といえる。これはおそ

図2-11 高槻ミューズキャンパスのライティングラボ

らく、高槻ミューズキャンパスが複数の鉄道駅、バスの停留所に近く、交通の便の良さが関係していると考えられる。学生は所属学部によらず、すべてのキャンパスのどの個別相談場所を利用することもできるため、今後も高槻ミューズキャンパスへ、他キャンパスの学生が来室すると想定される。他キャンパス（特に高槻キャンパス）所属の学生が相談に来ることを予想し、他キャンパスのレポート課題や卒業論文の作成スケジュールなどの情報を共有する必要がある。

　高槻ミューズキャンパスでは、上記個別指導の開始より早く、2014年度春学期より「レポートの書き方ワンポイント講座」を実施し、これまでに延べ212名の参加があった（関西大学教育開発支援センター・津田塾大学ライティングセンター 2014; 2015; 2016）。このうち2015年度の参加者アンケート（回答数33）を分析すると、1年生の参加が最も多く（25名、約76％）、4年生の参加はなかった。また、教員の推薦が参加を促している以外は、開催について知っ

た媒体や参加動機は高槻キャンパスと同じ状況であった。上記の結果は、高槻ミューズキャンパスでワンポイント講座を開催する上で、授業担当や卒業論文指導に携わる教員との連携が重要であることを示唆している。

3.4 堺キャンパスにおけるライティング支援

関西大学人間健康学部からの要請を受け、2017年12月に堺キャンパスA棟3階ラーニング・コモンズ内にライティング個別相談場所を設置した。本キャンパスではチューター採用の条件に合致する大学院生の数が少ないため、千里山キャンパスのチューター2名を配置し、学生からの口頭発表レジュメや卒業論文作成に関する指導を行った (**図 2-12**)。

開室して間もないため相談実績はまだ少ないものの、堺キャンパスでは学生グループによる発表用レジュメの相談が比較的多く寄せられた。ラボ開室にあたり、事前に堺キャンパス所属の教員から話を聞いたところ、学部専

図 2-12　堺キャンパスのライティングラボ

門科目としてグループワークや口頭発表が比較的多く実施されるとの説明があった。このことからもレジュメ等授業資料の相談は、堺キャンパス特有のカリキュラムや授業とリンクしたニーズと考えられる。今後、相談内容の蓄積や共有を行い、より効果的なアドバイスへつなげる工夫が必要となる。

上記個別相談の開始より3年以上早く、2014年度春学期より「レポートの書き方ワンポイント講座」を堺キャンパスにおいて実施し、延べ361名の参加があった(関西大学教育開発支援センター・津田塾大学ライティングセンター 2014; 2015; 2016)。このうち、2015年度の参加者アンケート(回答数219)を分析すると、ほぼ1年生の参加者(209名、約95％)であったが、高槻、高槻ミューズの2つのキャンパスと異なり、4年生が参加していた。また、教員からセミナー開催を知らされ、参加に至ったケースが多く見られ、特にレポート作成に困難を抱えていた学生の参加率が高かった。この結果から、堺キャンパス所属の教員との連携があったことで、多くの学生の参加に結びついたと考えられる。

3.5　理工系学部の学舎におけるライティング支援

千里山キャンパスにはシステム理工学部、環境都市工学部、化学生命工学部の3つの理工系学部があり、ひとつの学舎に講義教室が集約されている(2017年度末時点)。上述の3キャンパスの状況と異なり、千里山キャンパスにはすでに相談場所があるため、理工系学部の学生は同じキャンパス内で相談を受けることが可能であった。しかしながら、これらの相談場所は理工系学部の学舎から少し離れた場所にあることから、2017年度に理工系学部の学舎内に相談場所(理工系ライティングラボ)を新たに設置した。理工系ライティングラボの開室にあたり理工系学部出身のアカデミック・アドヴァイザーおよびチューターを配置し、実験レポートなど理工系文章の相談に対してよりスムーズに対応できるようにした。これはライティングラボの目的のひとつである、全学部学生へのライティング支援の展開を促進するものでもあった。

開室後、理工系学部学生から実験レポートや卒業論文の質問が寄せられており、目的にかなった船出となっている。今後の目標は、ワンポイント講座

内での案内や理工系科目との授業連携を展開し、理工系学部学生の相談を増やすことである。

3.6 複数のキャンパス・学部におけるライティング支援の課題と要点

　複数キャンパスにおいてライティング支援を展開するためには、各キャンパスに所属する教職員との協働が重要である。なぜなら、ライティングセンターを設置・運営するためには、センターが置かれるキャンパスや学部に組織やその活動が受け入れられる必要がある (Simpson 2003) ためである。また、ライティング支援が有効活用されるためには、学生のライティング上の課題や支援ニーズに対応していくことが求められる。しかし、既存の活動拠点から離れたキャンパスや学部では、組織文化や学生のニーズ、特にいつ、どんなライティングの課題が出されるか、卒業論文の形式やスケジュールなど把握しきれないこともある。関西大学のケースでは、高槻キャンパスにおいて春学期のレポート課題は少ない反面、秋学期以降の卒業論文の相談ニーズが高かった。また、堺キャンパスではレジュメという千里山キャンパスでは相談頻度が少ない文章に対する質問が多く寄せられている。一方、高槻ミューズキャンパスでは、キャンパスの立地から他キャンパスの学生に利用される傾向が示唆された。このようなキャンパスや学部ごとの違いについて出来る限り情報を収集し、ライティング支援を有意義なものとするためには、それら状況を熟知している教職員との連携が求められる。

　まず、ライティング支援を展開する予定のキャンパスや、その学部に所属し学生を指導している教員とのつながりを作る必要がある。教員から話を聞くことで、授業内で出すレポート課題や卒業論文のテーマなどについて知る機会が得られる。このようにライティングの課題内容やニーズが増大する時期に関する事前情報を得ることは、対応の仕方やアドバイスについて予想を立てることにつながり、学生のニーズに沿ったライティング支援を展開することができる。特に個別相談においては、対応するチューターが相談内容や学生の状況について情報を事前に共有することで、対応可能人数の超過などの予防や適切なアドバイスが可能である。実際に、ラボにおいても事前に他

キャンパスの教員から学生の状況や課題提出の時期をヒアリングできたことで、そのキャンパス(学部)に特有な卒業論文のテーマや書式について適切な相談対応を行うことができた。また、授業担当教員からワンポイント講座について説明を行うことが、学生の参加を促すことにつながったと考えられる。

次に、個別相談の設置場所や業務内容、課外セミナーの開催について、各キャンパスの教務や学生支援を担当する職員と連携を取ることが望まれる。出張講義のような単発的な企画であっても、学生への広報が不可欠である。これに加えて、個別相談を常設するためには場所の確保、機材や備品の管理、急な開室時間の変更の周知といった事務的作業が必要になってくる。これらの作業は、教務や学生支援を担当する職員と協働することとなる。実際に、ラボの中心的な機能が置かれた千里山キャンパスにおいても事務的作業に多くの職員のサポートを受けている。勝手が違う他のキャンパスでライティング支援をスムーズに展開するためには、教務や学生支援を担当する職員のサポートがより重要となることはいうまでもない。また、千里山以外のキャンパスにはラボのアカデミック・アドヴァイザーが常駐しないため、学生の個人情報が記載された相談記録やパソコンなど共有機材の管理を学部所属の職員に依頼することとなる。上記のように複数のキャンパスへライティング支援を展開するためには、職員と連携を密に取り、事務的作業を協働することが必須となる。

これまで述べてきたライティング支援対象の状況把握や運営上の事務的作業は千里山キャンパスにおいても必要であり、ライティングラボの活動は多くの教職員のサポートを受けて成り立っている。その一方で、ライティングラボの設置から5年以上が経過し、すでにその活動が日常業務に浸透している。千里山キャンパスにおいて教職員との連携が当たり前になり、ともすればその必要性・重要性から意識が離れてしまう時間がある。しかし、千里山キャンパス以外へライティング支援を展開するためには、教職員との連携、そしてサポートが必要条件となる。「教職協働」がライティングセンターという組織の本質であり、必要不可欠な柱である。

4．チューターの雇用と育成

　先述のとおり、関西大学ライティングラボが属す教育推進部教育開発支援センターは関西大学全体の教育の質向上を担う組織であり、4名の専任教員が所属している。ライティングプロジェクトに関しては、学部教員1名（プロジェクトリーダー）、教育推進部教員1名、アカデミック・アドヴァイザー1名と事務職員で構成されている。

　ここに所属する教員らが書類審査と面接審査を実施し、チューターを雇用している。現在は約20名のライティングチューターが活躍している。チューターは博士課程後期課程の大学院生やPDを中心としているが、教員から推薦を受けた博士課程前期課程の大学院生も活動している。

　書類審査では、指導教員からの許可を得られているか、志望動機、現在の研究内容について簡単に執筆することを求めている。書類審査に合格したチューター候補者は、面接審査を受ける。面接では、ライティング相談の経験、コミュニケーションスキル、学生と相談する際に重視すべきこと、ライティングラボの理念や活動内容に関する考え等について尋ねている。

　面接試験に合格をした大学院生は研修を受けることになる。研修の内容は設立当初からさまざまなプログラムを試しているが、現在は新人のチュータに対して次の6点を扱っている。扱う内容は、「①高等教育において学習支援が求められるようになった背景と学習支援について考える」「②自立的な学習者の育成を考える」「③カリキュラムとの連動を考慮した学習支援を考える」「④ICTを活用したライティング支援」「⑤ライティングラボで勤務するにあたっての諸注意」「⑥特別な配慮を要する学生への支援を考える」等である。

　「①高等教育において学習支援が求められるようになった背景と学習支援について考える」では、高等教育で学習支援が求められるようになったのはなぜかについて、北米と日本の両方から考える機会を取り入れている。また学習支援は何を目指しているのか、どのような種類があるのかについて検討する機会としている。

　「②自立的な学習者の育成を考える」では、学習支援に関する先行研究の調

査をもとに「⑴適切なゴール設定に向けた支援方法、⑵学生が課題に気づくための質問技法、⑶学習方略の活用を促す支援方法、⑷学習スタイルの違いを考慮した個別対応」をテーマとしている。「⑴適切なゴール設定に向けた支援方法」に関しては、学習支援者が学習者と共に目標を設定することを目指した。学習支援では、自立的な学習者の育成を目指しているため、学習者が自分で学習目標を設定することが重要になる。学習目標を設定することで、学習者がどう、いつ行動すればよいのかが明らかになり動機づけを向上できる。しかし、「教員が立てた授業目標を学生が理解していない」「学生が立てた学習目標が抽象的・大きすぎる」といった課題もある。

そこで「主張と理由、根拠のつながりにずれがある」「繰り返しの表現がある」等の課題を埋め込んだレポートを作成し、それを事例にロールプレイングを行い、チューターは「学生が課題を発見し、改善すべき点を学習者とともに焦点化する」「課題を解決する際にかかる支援の時間を想定する」「学習者が自立的に学ぶためにはどういった学習の方法があるのかを提案する」といったプロセスに取り組むことができるような研修を実施している。

また「⑵学生が課題に気づくための質問技法」ではオープン・クローズドクエスチョンを使い分けた質問技法や、King (1997) による段階をおって自ら考えることを導き出す質問技法を活用した研修、「⑶学習方略の活用を促す支援方法」では Weinstein's model of strategic learning (2000) による学習方略を考慮して助言内容を考える研修、「⑷学習スタイルの違いを考慮した個別対応」では、学習スタイル (Honey & Mumford 1982) に鑑みて個人に適した助言内容を考える研修を行っている。

「③カリキュラムとの連動を考慮した学習支援を考える」では、ライティングセンターの利用履歴をもとに、学習者の抱える課題、相談の時期、レポートの種類等の分析を通して、「カリキュラムとの連動を考慮した研修」のデザインを提案した。ライティングラボの利用動向を調査した結果、春学期は初年次教育に関連する論証型のレポートやブックレポート、秋学期はゼミの志望理由書や卒業論文の相談が多く寄せられていることがわかった (多田ら 2018)。そこで、レポート相談時期に合わせた研修の実施、相談内容を分析し、学年

や文書の種類における課題を焦点化させ、支援の方法を検討、共有すること、担当教員と協力し、どのようなレポートの変容があったのかをチューターに提示し、チューター研修で活用している。

「④ICTを活用したライティング支援」では、テレビ電話を活用したオンラインの学習支援やeラーニング教材を活用したライティング支援を扱っている。また実際にオンライン支援を実施する際に注意すべき事柄について検討する機会を設けている。

「⑤ライティングラボで勤務するにあたっての諸注意」では、ラボの利用動向やラボで導入しているシステムの活用、雇用について話す機会としている。事務的な諸手続き等も踏まえて実際の業務を担う際に注意すべき事柄について確認する機会としている。

「⑥特別な配慮を要する学生への支援を考える」では、学生相談支援センターのコーディネーターから学習障害の学生に対する配慮や障害そのものに関するとらえ方について改めて考える機会を取り入れている。

これらの研修を経た後、ライティングラボのアカデミック・アドヴァイザーが実施するライティング相談を観察することやOJTを経て、ライティング相談に入る。新人チューターは、アカデミック・アドヴァイザーがライティングラボに在籍する時間帯に勤務をするようにし、相談に困った際はすぐにアカデミック・アドヴァイザーから助言を受けられるようにしている。また新人、継続して勤務しているチューター全員が参加する悉皆研修に関しては学期開始前、学期開始中、学期開始後に実施するように心がけている。

5. ライティングラボの課題と展望

5.1 利用時期・内容の偏りとその対応

本節では、本章でこれまで述べてきたライティング支援の課題を総括し、これからの支援方法のあり方、そしてライティングラボの未来について考察する。

まずはSimpson (2003) の言葉に従い、ライティングラボの設置背景と現在置

かれている状況について考えてみる。文学部の組織として千里山キャンパスからスタートした「卒論ラボ」は、2012 年度に「ライティングラボ」へと改編され、全学部学生を対象としたライティング支援組織となった。その後、2014 年度に高槻キャンパスに、さらに 2017 年度には高槻、堺のふたつのキャンパスと千里山キャンパスの理工系学部へと、場所と学部の境界を超えて支援を展開してきている。この間、ライティングラボを取り巻く環境は大きく変化してきたといえよう。今、ライティングラボが置かれた状況、特に学生が求めるライティング支援のニーズやライティングラボが抱える課題はどのようなものであるか、①利用時期・内容の偏りと、②利用者の偏りについて取り上げ、分析を行う。本章の最終節としてライティングラボがよりよいライティング支援組織であり続けるために、取り組むべき課題を把握し、その対応方法について考察する。

　2015、2016 年度にライティングラボへ寄せられたライティングに関する個別相談に関して、1 年生のレポートの相談、2 年生の志望理由書の相談、4 年生の卒業論文の相談が多く寄せられた。この結果より、初めて書く文章に対する相談が特定の学年で増加していると考えられる。これは自然なことであり、相談対応にあたるチューター間でレポート課題や対応状況の情報を共有するなどの対応を取る必要はあるものの、明確な問題とはいえないかもしれない。しかし、これら学年特有の相談は提出直前に増加する傾向が見られたのである。特に 1 年生の学期末のレポート相談、4 年生の 12 月の卒業論文の相談は提出期限間近での訪問が多い。授業課題や卒業論文の出来は単位取得および卒業に直結するため、相談に来る学生の学習意欲は十分にある。しかしながら時間的な余裕がなく、文章の構成や新たな文献の収集など、文章作成のプロセスに関わるアドバイスは現実的ではなく、学生の状況に合わせた対応を行う場合も多い。相談データを精査すると、文章表現の指摘や引用方法の指導など、学生の文章上の課題に対する指導・アドバイスがやや多く見られる。提出直前に相談数が増加することは、ある程度仕方のないことではあるが、早期の相談や複数回の利用を促すことでプロセスに踏み込んだ指導・支援が容易になる。ライティングラボが行っている個別相談の周知徹底と授

業担当教員との連携の強化により、早期から利用するリピーターを増やすことが有効と考えられる。

　また、自発的にライティングラボを訪れた学生について、文章の「添削」を求める傾向が見られた。学習相談が一過性の添削となることは、ライティングラボのポリシーに反するだけでなく、学生にとってもテーマ設定や論理的な文章の組み立てなど論文作成プロセスに関する技術が形成されないなど、長期的にみてマイナスの作用を及ぼすと考えられる。ライティングラボの活動内容の周知徹底とともに、教員との連携を強化する必要がある。ライティング指導に携わる教員と連携することで、ライティングプロセスを重視した指導・支援のさらなる拡充が期待される。

5.2　利用者の偏りとその対応

　過去2年度の個別相談について全体を通して分析すると、1年生の相談が1511件（58%）と過半数を占める。特に2年生（相談349件、13%）と3年生（相談346件、13%）の来室は少なく、利用学生の学年に大きな偏りが見られた。1年生は初めてレポートを書く学生も多く、彼らのライティング支援はライティングラボの最も重要なミッションのひとつといえる。しかしながら、ライティングラボの設置から5年が経過しているにもかかわらず2、3年生の利用がいまだ少ないことは注意を要する点であろう。なぜなら、アカデミック・ライティングに関する継続的な知識・技術の習得につながっていない可能性が考えられるためである。ライティングラボの利用が少ないことを学びの停滞と捉えることはいささか乱暴な推論かもしれない。しかしながら、全学的なライティング支援組織であり、学生の自律的な学びの促進を使命とするライティングラボにとって、2、3年生の利用拡大は喫緊の課題といえる。授業やゼミへの出張講義、教員との連携強化に加え、レジュメ等の発表資料についてのワンポイント講座の開催など、潜在ニーズの発掘とフィードバックを展開する必要があろう。

　また、千里山キャンパスの理工系ライティングラボや他キャンパスのライティングラボは開室日が限られている。今後は指導時間の増加や、ライティ

ングに関するeラーニング、オンラインによる相談対応(詳細は第7章を参照)の活用も視野に、全学的なライティング支援の拡充を図る必要がある。

5.3 ライティングラボのこれから

　文学部の取り組みとして始まった「卒論ラボ」は、2012年度に「ライティングラボ」となって後、ライティングに関する個別指導、レポートの書き方ワンポイント講座、レポートの書き方ガイドブックの作成・配付、正課授業との連携、出張講義、そしてeラーニング、と多様なライティング支援を展開してきた。

　その中心地は10の学部におよそ24,000人の学生が集う千里山キャンパスであった。しかし、今やライティングラボの支援は、高槻、高槻ミューズ、堺キャンパスと学部学生が在籍するすべてのキャンパスへと拡大した。特に、2017年度に理工系ライティングラボの開室と理工系学生を対象としたワンポイント講座の開催へ至ったことで、名実ともにあらゆる場面におけるアカデミック・ライティングをサポートする組織となった。そして現在、eラーニング教材の開発やオンライン相談など、時間を問わずキャンパスの外にサポートを届ける試みが始まっている。これからもライティングラボの支援は拡充していくであろう。

　このようにラボの姿形が変化したなかで、「学生との対話を通して『気づき』を促す」理念と「自立的なライティング学習者の育成」という目標は、今も変わらず、大黒柱としてその大きな屋台を支えてくれている。言い換えると、これまでライティングラボは原点である個別指導を支援の中心としながら、すべての学生に届くライティング支援の提供を目指し、支援範囲を拡大してきた。一方、現在のライティングラボは利用者の学年や学部の偏り、提出直前の利用や添削の依頼といった課題に直面している。今後は、学年や学部を問わず多くの学生の継続的な利用を促進するため、正課教育や学部教員とのつながりを一層強固なものとしていくことが求められている。大学生にとってアカデミック・ライティングは、授業担当教員が課したレポートにはじまり、指導教員への卒業論文の提出で終わる。その過程にあるあらゆる場面でライ

ティングのサポートを行うことがライティングラボの使命である。すべての学生を対象としたライティング支援組織となったからこそ、正課教育が、これからのライティングラボと教員、学生をつなぐかすがいとなるであろう。

参考文献

井下千以子（2013）「思考し表現する力を育む学士課程カリキュラムの構築―Writing Across the Curriculum を目指して」、関西地区 FD 連絡協議会・京都大学高等教育研究開発推進センター（編集）『思考し表現する学生を育てるライティング指導のヒント』第 1 章、ミネルヴァ書房。

関西大学教育開発支援センター、津田塾大学ライティングセンター（2014）『〈考え、表現し、発信する力〉を培うライティング / キャリア支援 2014（平成 26）年度報告書』、http://www.kansai-u.ac.jp/renkeigp/H26_report.pdf、2018 年 2 月 28 日閲覧。

関西大学教育開発支援センター、津田塾大学ライティングセンター（2015）『〈考え、表現し、発信する力〉を培うライティング / キャリア支援 2015（平成 27）年度報告書』、http://www.kansai-u.ac.jp/renkeigp/H27_report.pdf、2018 年 2 月 28 日閲覧。

関西大学教育開発支援センター、津田塾大学ライティングセンター（2016）『〈考え、表現し、発信する力〉を培うライティング / キャリア支援 2016（平成 28）年度報告書』、http://www.kansai-u.ac.jp/renkeigp/H28_report.pdf、2018 年 2 月 28 日閲覧。

多田泰紘、岩﨑千晶、中澤務（2018）「ライティングセンターに寄せられた個別学習相談の分析―学生のニーズとセンターの課題の可視化―」、関西大学高等教育研究 第 9 号、pp.37-42。

文部科学省（2015）『大学における教育内容等の改革状況について』。

吉田弘子・Sccot Johnston・Steve Cornwell（2010）「大学ライティングセンターに関する考察―その役割と目的―」、大阪経済大学論集 第 61 巻第 3 号、pp. 99-109。

Harris, M. (2005) "Writing center concept," available at http://writingcenters.org/resources/writing-center-concept/, accessed 14 February 2018.

Jordan, R. R. (1997) *English for Academic Purposes*, Cambridge: Cambridge University Press.

Simpson, J. (2003) Assessing needs, identifying an institutional home, and developing a proposal, In Silk, B. B. (Ed.), *The Writing Center Resources Manual (2nd Edition)*, MD: NWCA Press.

コラム

図書館ラーニング・コモンズでのライティング支援のある風景

寺島紀衣

　私は、アカデミック・アドヴァイザーという立場で、大学院生のチューターに混ざってライティング支援の窓口に座っている。

　キャンパス内の窓口のひとつとして、千里山キャンパス総合図書館1階のラーニング・コモンズの一角にライティング・エリアがある。ラーニング・コモンズは閲覧室とは違いにぎやかな雰囲気で、時期にかかわらず人気があり多くの学生が利用している。その人ごみにまぎれて、おずおずとライティング・エリアに近づいてくる人影はこの春に入学してきた1年生の利用者である。席を立ち、「ご予約の〇〇さんですか？」と尋ねると、遠慮がちに小さな声で「はい」と返ってくる。「お待ちしておりました。どうぞこちらへおかけください」とテーブルへ案内すると、少し安心したようにスムーズな動きで席につく。セッションが始まっても利用者の緊張は続く。どうにかその緊張をほぐそうと、親しみやすく、でも敬語は崩さず、利用者の疑問や課題を聞き出しながら、時に、新しく始まった大学生活のことなど、利用者が楽しそうに話してくれる話題に耳を傾ける。40分という短いセッション時間ではあるが、セッション終盤に解消できていない疑問はないか、セッション終了後自ら取り組む作業についての確認などまとめの段階になると、ほとんどの利用者が笑顔を見せながら話してくれているようになる。

　先に述べたように、ライティング・エリアの周りにはラーニング・コモンズを利用している学生がおり、セッションの様子をちらちら見るうち、セッション終了後に話しかけてくる学生もいる。そういう学生はだいたい2、3年生が多く、何をしているエリアなのかと屈託なく尋ねてきたり、そのうえで作成途中の発表資料について相談をして

くることもある。

　このように、ライティング・エリアのあるラーニング・コモンズは、可動式のホワイトボードが数えるほどあるだけで基本的にオープンスペースである。それでも、他の利用者のざわざわ感にセッション内容がまぎれることでプライバシーが保たれつつ、会話をするには支障がなく、かつライティング・エリアの活動の周知にも一役買っている。また、総合図書館は正門近くに位置しており、学生のアクセスとしても立地がよい。

　そういった環境での日々のセッションで感じることは、言わずもがなライティング支援には正解がない。終わりもない。利用者のなかには対応の難しい学生も存在する。一方で、自分の対応が最善であったか不安に感じて落ち込むこともある。ライティング支援といいながらも、自分が学生に育ててもらっている気えさする。昨日より今日、今日よりも明日、学生に負けじとよりよい支援ができるよう私も成長していく。

第3章

津田塾大学ライティングセンター

大原悦子

　津田塾大学は 2008 年、日本の大学としては比較的早い時期にライティングセンターを開設した。当初は日本語の文書だけを対象としていたが、13 年 2 月から英語文書の個別相談も始めた。また、アカデミック・ライティングのみを扱うライティングセンターが多いなか、本センターでは就職やインターンシップのエントリーシート（以下 ES）、ゼミや留学、奨学金などの応募書類、サークル活動の企画書やパンフレット原稿、あるいは成人式のスピーチ原稿や親類、恩師に出す手紙まで、幅広い文章を対象としてきた。それは、本センターが、実践的総合キャリア教育を推進する拠点として設立され、広くキャリアも視野に入れたライティング支援を目指してきたからである。この章では、津田塾大学ライティングセンターの取り組み、とりわけキャリア教育としてのライティング指導の実践を紹介し、ライティングセンターが行うキャリア支援の可能性や課題を考える一助としたい。

1. 津田塾大学ライティングセンターの概要

1.1　設立の経緯

　本センターは文部科学省 2008 年度「質の高い大学教育推進プログラム」に採択された取組「社会貢献は書く力とプロジェクト推進力から」の一環で設立された。この取組では、講演会やイベントなどを学生自らが主体的に企画・運営する「学生主導型プロジェクト」と、自立した書き手を育てることを目指す「ライティングセンター」が活動の両輪として位置づけられた。

　大学が公認する学生主導型プロジェクトには、大学から助成金が出た。こ

のため、学生はプロジェクトを実現させるために、企画書や報告書、宣伝用のチラシなどを作成し、大学に提出する必要があった。また、プロジェクト開催に際し、外部の講師らに依頼の手紙や礼状、メールなどを書く機会も多々生じた。

こうした実践的な文書は、これまで大学で指導するものとは考えられていなかった。むしろ「そのようなことまで教えなくてはならない時代になったか」と、学生の学力低下と結びつけた文脈で語られがちであった。

しかし、学生は社会に出たとたん、実践的な文書を書くことが求められる。また、どのような文章であれ、それが他人に読まれ、活字として残るものであるならば、出す前の第三者のチェックは必要であろう。よりよい文章、よりよい書き手にするための訓練の機会も、多いほうがよい。そこで、本センターは、一般的なライティングセンターが支援するレポート・論文の文章だけでなく、幅広い文書の相談やサポートを行うことになったのである。

一方、本学にはもともと「書く力」を重視してきた伝統や、社会に貢献できる女性を輩出してきた女子大学としての長い歴史があった。このため、書く力がベースにあるコミュニケーション能力を備え、リーダーシップを発揮できる女性を育成することも、本センターの大きな目標として掲げられることになった。

1.2 「書く力」とリーダーシップ

では、「書く力」と女性のリーダーシップはどのように結びつくのだろうか。

申請の段階から携わった当時の取組責任者で、現学長の髙橋裕子[1]は、授業でグループワークなどを行うと「メンバーを変えてほしい」と訴える学生が現れるようになったことが、ライティングセンター設立を考えるひとつのきっかけになったという。自分と意見の異なる人、気の合わない人とは、一緒に課題に取り組みたくない。衝突はなるべく避けたい。そのような若者が増えているのではないか。しかし、社会に出れば、多くの仕事は複数の人たちと関わりあいながら進めるのが当たり前であり、「メンバーを変えてほしい」などとは言っていられない。そこで、自分の意見や思いをきちんと整理し、そ

れをわかりやすく的確に伝えるだけではなく、相手の多様な意見や思いもしっかり受け止め、まとめ、対立を乗り越えていく力がリーダーには必要になってくる。そのようなリーダーシップを発揮するために必要なコミュニケーション能力を裏打ちするのは「書く力」ではないか、と髙橋はじめ、取組に関わった教職員たちは考えた。

「学生には、しっかりとした話す中身、つまり自分が伝えたいことがある人間になってもらいたい。その伝える中身は、書くことで培われると考えています」「書くことや話すことは自分をさらけ出すことでもあるため、異なる視点から批判的なコメントを受ける場面も多々あります。しかし、学生にはそれを逃げずに受け止め、自信を持って自分の考えを伝えられる自立的な力を培ってほしいのです」。雑誌のインタビューでセンター設立の思いを聞かれた髙橋はこのように答え、そうした自立的な力が、女性がリーダーシップを発揮する際の土台になる、と述べている。

「職場や地域で多様な人々と仕事をしていくために必要な基礎的な力」は、経済産業省が提唱している「社会人基礎力」と重なるものでもあり、経団連の「2017年度新卒採用に関するアンケート調査結果」でも、企業が選考にあたって特に重視した点の第1位は、15年連続で「コミュニケーション能力」であった。まさにいま、社会で求められている力を「書く」ことで培っていくのがライティングセンターの役割といえよう。

このような背景からスタートした本センターは、2012年度に関西大学と共に採択された「大学間連携共同教育推進事業」においても、ライティングだけでなく、キャリア支援を大きな柱にすえて活動を展開することになった。

1.3 体 制

ライティングセンターは全学の学生・院生が利用できる支援機関である。ライティングセンター長のもと、日本語の文書に対応する特任・客員教員2名、英語の文書に対応する英語母語話者の非常勤講師2名、職員(派遣職員)1名、専任職員(兼任)1名の体制で運営されている。

主な活動は、学生のライティングに関する相談に1対1の対面で応じる「個

別相談」である。本学は2017年度に千駄ヶ谷キャンパスに総合政策学部を新設し、キャンパスが2カ所になったので、それぞれのキャンパスで個別相談に応じられる体制を整えた。18年度は日本語文書の相談は週4日（小平、千駄ヶ谷キャンパス各2日）、英語文書の相談は週3日（小平2日、千駄ヶ谷1日）行っている。

相談は1回45分間で予約制。15年度後期からはTEC-book（第5章参照）を通してオンラインで予約する仕組みになった。スケジュールの管理や相談記録の保存・共有にもこのシステムを活用している。なお、学生は2カ所、どちらのライティングセンターも利用できる。千駄ヶ谷キャンパスは都心にあるため、就職活動中の小平キャンパスの学生も利用することが多い。

個別相談に関しては、別項で詳しく説明する。

1.4　ライティング・カフェ

予約を面倒と感じたり、個別相談は敷居が高いと感じたりする学生もいる。そこで、昼休みなどを利用し、予約なしで気軽に相談できる機会をつくろうと、2013年度から始めたのがライティング・カフェである。

当初は、日本語のカフェを年に数回実施していた。文字通り、フラッと立ち寄ることができ、その日の人数や関心に合わせてトピックが決まるカフェ形式や、その日の担当チューターが講義形式で行うミニ講座形式の2パターンを実施した。カフェらしい雰囲気を出すため、お茶やお菓子を無料で提供し、昼食を食べながらでも参加できるようにした。回によっては、参加した3、4年生が隣り合わせた1、2年生にアドバイスをするといった、参加者同士の学びや交流も見られた。日程の都合などで、残念ながら現在は実施していない。

一方、英語のカフェは14年度に初めて不定期で実施し、16年度からは毎週、定期的に行うようになった。そこに行けばいつでも英語の教員に気軽に質問ができ、英語でコミュニケーションをとったり、英語で発信したりする機会を得られる場となっている。

留学の応募書類の書き方などで個別相談に来る学生の何人かは、同じような疑問を持っていたり、似たようなところでつまずいたりしている。そこで、カフェで「まとめて指導できれば」という狙いもあった。しかし、学内選考の

ある留学では、落ちた場合を心配し、応募していること自体を友人に知られたくない、という学生もいる。大人数のカフェよりも個別相談を望む声が強く、「留学希望者向けカフェ」は思うように参加者が集まらなかった。現在、カフェはどちらかというと「気軽なおしゃべりの場」として定着しつつある。繰り返し利用する学生でメンバーが固定化する傾向もみられるため、いかに利用者を広げるかが今後の課題である。

1.5 レポートの書き方

　ライティングセンター教員による「レポートの書き方」講座は、2014 年度から 1 年生全員に向けて実施している。参加は必修とし、学科ごとに受講日を分けている。レポートに取りかかる前の準備から、資料の探し方、参照や引用をする際の注意点などを 90 分間で講義する。

　しかし、1 回の講義だけではレポートの書き方は身に着かない。そこで、大学生活の間、レポートを書く際には繰り返し学んでもらいたいと願い、15 年度に小冊子『レポートの書き方』(図 3-1) を作成した。ライティングセンターの教員 2 名のほか、当時働いていた大学院生チューター 3 名も執筆に加わった。

　レポートの書き方に関する本や情報は世の中にあふれている。私たちは、ライティングが「プロセス」であることに重点を置いた 1 冊にした。「書く」というと、いきなりパソコンに向かって書き出してしまい、途中で行き詰まる学生を個別相談で目の当たりにしてきたからである。そこで、しっかりと準備し、決められた約束事を守ってプロセスを踏んでいけばレポートは書ける、という認識に立ち、本冊子では、まずは「中身とカタチ」が重要であることを説明したうえで「レポートを書く前に〈準備編〉」「レポートを書こう〈執筆編〉」と 2 段階に分けてポイントを解説した。「レポートや論文を書くのに、必要な本が見つからないときは？」「『はじめに』や『序論』には何を書く？」といった現場感覚に基づいたコラムは、大学院生チューターに書いてもらった。

　全 28 ページ。その後、小冊子は PDF 化し、本センターのウェブサイトから、誰でも自由にアクセスできるようにしている。

　https://twc.tsuda.ac.jp/system/upload/file/report(pdf).pdf

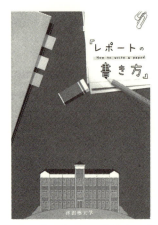

図 3-1 「レポートの書き方」小冊子

２．個別相談

2.1　個別相談の概要

　前述の通り、本センターの活動の中心は、学生との１対１の個別相談である。
　個別相談では、チューターが相談者と一緒に文章を読み、客観的なアドバイスをしたり、コメントをしたりする。添削はしない。自立した書き手を育てることを目指しているため、一方的に教えたり、修正したりするのではなく、チューターから学生に質問を投げかけたり、話し合ったりしながら学生の「気づき」を促し、文章の問題点や改善策を共に考えていくのである。こうした手法はアメリカの大学を始め、多くのライティングセンターに共通するものであり、本センターでも添削をしない方針を設立以来、貫いてきた。
　日本語文書の相談は、静かな個室で行っている (図 3-2)。密室での相談になるが、これが可能なのは本学が女子大学であり、学生、チューターとも女性だからである。ES や奨学金などの相談には、人目を気にせず、安心して相談できる部屋が望ましい。英語に関しては、チューター１名が男性ということもあり、事務担当者や私たち教員のデスクがある本館「ライティングセンター事務室」の一角で行っている。こちらは簡単な間仕切りがあるだけの空間である。
　相談室にはホワイトボードもあり、学生の頭の中を整理するのに活用され

図3-2　日本語の個別相談の様子

ている。チューターは真正面から学生に向き合うのではなく、なるべく斜め45度の位置に座る。「向き合う」というよりは、「寄り添う」イメージである。日本語の相談室では最大6名座ることができ、グループでの課題の相談にも対応できる。

　相談件数は2008年度（11月から）の17件から、毎年着実に増え、16年度は延べ788件に上った。文科省の取組終了後（17年度から）は、大学の予算の枠内で運営することになり、開室日が減った。このため、相談件数も17年度は483件にとどまった。しかし、本学の在学生数は3056名（学部生、2018年5月現在）であることを考えると、この数字は決して小さくはないだろう。利用者数はセンターの認知度が上がるにつれて伸び、友人やサークルなどの口コミでさらに増えていった。毎年、新入生のオリエンテーションでライティングセンターの告知を行っており、ツイッターやチラシなども使って常に宣伝はしているが、学生同士の口コミに勝るものはない、というのが私たちの実感である。

　17年度の相談件数483件のうち、日本語文書は370件。このうち、就職関連の相談は213件、レポートや卒業論文などアカデミックな文書の相談は157件であった。「アカデミックな文書の相談」には、留学やコースの志望理由書、奨学金の応募書類なども含まれ、課題レポートや卒業論文の相談は62件である。

月別の相談件数を見ると、就職関連の相談はESの提出締め切りが多くなる2月から5月にかけて、アカデミック関連はコース（専攻）志望理由書の提出締め切りがある9、10月に増える。就職関連は3年生が124人と最も多く、次いで4年生の69人。アカデミックな相談では2年生が47人と最も多かったが、これもコース志望理由を書くのが2年次の秋だからである。

また、相談は週のはじめの月曜日と週の終わりの金曜日に多くなる。他大学でも似たような傾向と聞く。授業との関連もあろうが、週末に書き上げ、それを見てもらおうと月曜に来室するか、金曜に見てもらい、週末に仕上げようと考える学生が多いのかもしれない。

2.2　スタッフ

2018年7月現在、個別相談に対応するチューターは、英語は2名の非常勤講師、日本語は2名の特任・客員教員である。一般的なライティングセンターでは、大学院生のチューター（またはTA）が個別相談を担当することが多い。教員がチューターとなり、教員のみが個別相談に応じているのも本センターの大きな特色であろう。

本学でも、08年から16年度までは大学院生チューターも雇用していたが、関西大学との取組終了後は予算の関係もあり、継続していない。

曜日によって担当者を決め、教員2名は設立当初から大学院生チューターと同じようにシフトに入っていた。アカデミック・ライティングの相談はチューター全員で担当、就職・インターンシップなどのESは教員のみが担当する、という方針であった。

本センターのように、教員が個別相談のチューターとなるメリットとしては以下の点が考えられる。

- 本学のような小規模大学では大学院生の数が少なく（18年度5月現在の大学院生は66名、うち後期博士課程20名）、チューターの確保が容易ではない。大学院生チューターの採用や養成にかける時間やエネルギーを節約できる。

- ライティングを専門とする、あるいはライティングに関する知識や経験を持った教員が学生の文書を見て、アドバイスをすることができるため、相談の質が安定する（本学の特任・客員教員2名は、いずれも社会人経験が長く、筆者は元新聞記者、もう一人も企業で社内広報を担当していた。英語ライティングは、非常勤で英語の授業を受け持つ母語話者が担当）。
- 学生がどのような点に困り、どこでつまずいているのかがわかり、それを授業などに生かしたり、他の教員と情報を共有したりすることができる。
- 社会人経験、人生経験などをもとに、学生のキャリアに関する悩みや相談にも総合的に応じることができる。

一方で、デメリットもある。
- 学生の側から見ると、どうしても教員に「教えてもらう」意識になりがちである。対等な立場で共に考える、というライティングセンターの理念をより一層、意識しながら対応する必要がある。
- 教員の人件費がかかる。

　いずれにしても、ライティングセンターの運営には、それぞれの大学の事情や特性に応じ、メリット、デメリットを考慮しながら体制を整える必要があろう。

　一方、キャリア支援という意味では、ライティングセンターが大学院生チューターのキャリアにもたらすプラス面を忘れてはならない。チューターを経験したことで、チューター自身のライティング力が伸びた、という話は指導教授からよく聞く。チューター業務は、院生に大学での仕事をつくるだけでなく、その後のキャリアにも役立つスキルを磨く機会でもあった。

2.3　相談の流れ

　ライティングセンターの個別相談の実践に関しては、早稲田大学ライティング・センターでの取り組みを紹介した『文章チュータリングの理念と実践』のような優れたテキストがある。同センターにならい、本センターも①ライ

ティングを過程（プロセス）において指導する②領域を横断して指導する③「紙を直す」のではなく「書き手を育てる」――という理念を重視し、学生に気づきを促す個別相談を心がけてきた。また、以下のような流れや心構えをチューター間で共有している。

①笑　顔

　　自分の文章を、特に書きかけの段階で他人に見せることは、抵抗感や恥ずかしさを伴うものである。ライティングセンターの扉をたたくのは、勇気が要る行動であることを十分理解し、来た学生を萎縮・緊張させないよう、笑顔で迎え、まずはこちらから自己紹介をする。

②確　認

　　1回の相談時間が45分であること、センターは文章の添削をするのではなく、課題を共に考える場であることを伝え、理解してもらう（最初は添削を期待してやって来る学生も多い）。また、チューターを選ぶことはできないが、チューター同士で相談内容・指導についての情報は共有しているので、どのチューターに当たっても継続指導ができることを説明する。相談に来た目的や目指すべきゴールについては、学生に決めてもらう。文書の分量が多い場合や相談が多岐にわたる場合も、優先順位は学生につけてもらう。

③音　読

　　ライティングセンターには、ライティングのプロセスのどの段階で来てもらっても構わない。構想段階や「何をどう書いたらよいのか、わからない」といった状態で来てもよい。書いたものがある場合は、原稿のコピーを持参してもらう。お互いに原稿を手元に置きながら、まずは学生に音読してもらう。誤字・脱字や言葉の繰り返し、文章のリズム、主語・述語の不一致など、文章の問題点に学生自らが気づくことが多い。ごく稀にだが、自分で書いた（打ち込んだ）はずの漢字が読めなかったり、途中で

明らかに文体やフォントが変わっている文章に出合ったりする。そのような文章はコピー&ペーストした可能性がある。

④聴　く

　チューターは聞き役に徹する。チューターが話している時間よりも学生が話している時間が長いほうが望ましい。相談の間、学生が遠慮なく質問や意見を出せるよう、安心できる空間を作りながら発言を促す。学生が戸惑ったり、悩んだりしていても、解決策をすぐ示さない。沈黙を恐れず、選択肢をいくつか示して、学生自らが選べるようにする。

⑤褒める

　悪い点を見つけるのではなく、文章や学習態度、意欲などのよい点を見つけ、なるべく褒めるよう工夫する。「字がきれい」「センターに来たこと自体がすばらしい」「時間の管理がうまくできている」など、褒めるポイントは必ずある。

⑥楽しむ

　チューター自身が相談を楽しむこと。問題点を挙げるのではなく、一緒に問題を解決できる時間であるならば、自ずと楽しく感じられる。

⑦柔軟に

　さまざまな原則や決まりごとはあるが、学生の個性、チューターとの相性、締め切りなどの物理的な条件などに応じ柔軟に対応する。たとえば、締め切りまで十分時間がある場合と、締め切り当日に原稿を持ち込まれた場合とでは、アドバイスできる内容や重点も変わってくる。臨機応変に対応したうえで、締め切り当日ではこちらの指摘にも限界があるため、より納得がいく文書にするために、余裕をもって取り組む重要性も学生に話すようにしている。

また、「学生自身の気づきを促す」という原則はあるものの、企業に出すESや、OGに出す手紙などで明らかな誤字・脱字に本人が最後まで気づけなかった場合、それを指摘しないまま帰すわけにはいかない。ESの内容に関しても、学生がよいと思って書いたことが、社会人の立場にたって読むと適切ではない、ということが多々ある。学生が自ら気づけない場合は、こちらから問題点などを指摘し、その理由などと併せて説明するようにしている。課題レポートの相談では「テーマを変えたほうがよい」といった、内容に踏み込むアドバイスはしていないが、ESの場合は「他のエピソードに変えたほうがよいかもしれない」といったアドバイスも必要に応じて行う。

3．キャリアに関する個別相談

3.1　エントリーシート（ES）とは

　キャリアに関する個別相談で最も多いのは、ESの書き方や内容に関するものである。ESとは、企業などにエントリー（応募）する際に必要な履歴書の一種で、これを提出しないと説明会やその先の選考などに進むことができない。最近では1、2年生のうちからインターンシップに参加する学生が増え、その際にもESの提出は必要である。ウェブでのエントリーと、紙に書いて持参・郵送する場合とがある。人気企業の場合、数万という単位のESが集まるという。
　設問は、大きく分けると「志望理由」を問うもの、「自己PR」にかかわるもの、「入社後（インターンシップの場合はインターンシップに参加して）経験してみたいこと」などである。自己PRにかかわる設問では、「学生時代最も力を入れたこと」や「困難を乗り越えた経験」を問うものもある。300字から400字程度で答える場合が多いが、なかには1000字を超す長い文章を書かせるESもある。

3.2　ライティングセンターにES相談に来る理由

　ESのアドバイスは、キャリアセンター職員やキャリアアドバイザーなどが行うのが一般的であろう。本学でも、就職全般に関する相談は学生生活課が担当してきた。各種ガイダンスを実施したり、ESの相談に対応したりするの

は同課の職員たちである (17年度から別途キャリアセンターができ、ES相談は同センターが担当することになった)。しかし、就職全般の指導は学生生活課・キャリアセンターが担う、という原則は守りつつ、ES相談ができる場所のオプションの一つとして、本センターも位置づけられている。また、同課主催の「ES書き方講座」などで本センターの教員が講師を務めるなど、日頃から連携もはかってきた。学内にESを見る部署が複数あることは、学生にとってプラスとなっている。

そもそも、学生たちは親やサークルの先輩、OB・OGなど、いろいろな立場の大人にESを見てもらうことを当たり前に行ってきており、私たちライティングセンターのチューターもそうした大人の一人に過ぎない。学生の立場からすると、選択肢が増えるのはよいことであり、学生たちも学生生活課・キャリアセンターと本センターを目的やスケジュールに合わせてうまく使い分けているようである。

2016年12月、筆者はライティングセンターの個別相談で就職関連の相談によく訪れていた学生6名にアンケート調査をした。その時点で、6名のうち2名が3〜5回、4名が6回以上相談に訪れていた。

まず「なぜ、ESの相談にライティングセンターを利用したか」と尋ねたところ、以下のような回答があった。

- ESで自分の経験を述べる際に、その経験を知る家族以外の人から指摘をいただくことが必要だと思った。
- 第三者の立場からESの内容についてアドバイスがほしかった。センターを利用することで、新たな気づきが生まれたり、違和感に気づいたりしながら、内容を深化させることができるから。
- 自分の文章を客観的に見てほしかった。
- 自分一人で考えていると、うまくまとまらないが、センターの先生とお話ししながら考えると意見がまとまることが多いから。

「ほかにどういう人、場所で見てもらったか」を尋ねると、やはり「学生生

活課」「両親や姉」「志望企業の社員」などが挙がった。

では「ライティングセンターとどのように使い分けていたか」を尋ねてみると

- 明確に使い分けはしていない。
- ライティングセンターでは主に文章の構成を、他の方には文章の内容や企業研究ができているかどうかを見てもらった。
- 最初にライティングセンターを利用してだいたいの枠組みをつくり、提出前の最終確認で学生生活課や家族に見てもらった。
- 家族に見てもらい、推敲し、ライティングセンターで見てもらう。

こうして見ると、利用法は学生それぞれである。ライティングセンターは「最終チェックの場所」と位置づけられているのではないか、と予想していたのだが、必ずしもそうではなかった。

一方、「ライティングセンターでESを見てもらうメリット」を尋ねたところ、以下のような回答があった。

- いただいた意見をもとに自分の考えを突き詰め、内容を深化できたこと。
- 書いた文章について深く質問されることで、文章をより良くする要素を見つけ出すきっかけになる。
- しっかりと自分の意思を伝えることのできる文章になった。
- 話をじっくりと聞いてくださるので、自分の頭のなかでも書きたいことを整理できる。
- 一文を短く、内容も明確に書くことができた。

「深化できる」「頭の中を整理できる」といったコメントは、ESに限らず、レポートなどアカデミック・ライティングの相談に来た学生たちからも聞く。考えが整理され、内容が深まり、自分の考えが明確になるのは、質問を繰り返し、対話を重視するライティングセンターの相談ならではの効用だろう。

ところで、TEC-bookでは個別相談の予約の際、「相談したいこと」を記入する欄がある。レポートの相談においては「形式や構成を見てほしい」と書く学生が圧倒的に多いが、ES相談の学生は、たとえば以下のように書いている。

- 第三者に**伝わりやすい**文章になっているかどうか、知りたい。
- きちんといいたいことが伝わるかどうか、**客観的**に見てほしい。
- 意味が伝わりやすいか、読んだ人の**印象に残るか**などについて意見を聞きたい。
- **一貫性**があるか、客観的に書かれているか、**内容が浅くないか**などを見てほしい。
- うまく**読み手に伝わる**ように書けていない、と感じます。
- 「自己PR」や「学生時代がんばってきたこと」を書いても、**私らしさが出ていない**気がする。**一般的なつまらない文**になっている気がする。

太字にした部分は、いずれもアカデミック・ライティングで「相談したいこと」としては挙がってこない項目であり、興味深い。ESのライティングでは、学生たちが読み手の存在、そしてその読み手に「伝わる」ことを強く意識していること、「印象に残る」文章や、「私らしさ」が出ている文章を書こうとしていることがうかがえる。

また、レポートの相談では「4000字も書けない」「どのようにあと1000字増やせるか」という具合に、「長く書けない」「膨らませることができない」といった悩みが多いのに対し、ESのライティングでは「いかに簡潔にまとめるか」「不要な個所を削りたい」といった「削れない」悩みを訴える点も特徴的である。

さらに、レポートなどの相談は、提出前1回限りの利用者がほとんどであるのに対し、ES相談では繰り返し訪れる学生が多い。課題レポートの場合は、なんとか締め切りまでに書きあげ、単位さえ取れればよいと考えている学生が少なからずいるようだが、ESは自分の将来がかかる文書であるだけに、納

得が行くまで書き直そうとするようである（ゼミや留学の志望理由書など「進路」に関わる相談でも、同様の傾向がみられる）。

　すでに提出したESであっても「今後のために、どうすればより良くなるか検討したい」と、ライティングセンターに持ってくる学生もいる。また、一人の学生がさまざまな業界、企業にエントリーするので、センターを利用する回数も自ずと増えるようである。センターとしては、一人の学生を継続して指導できるため、ライティング力をはじめとする学生の成長の跡を見届けることができる。残念ながら、アカデミックなレポート相談では、こちらの指摘を受けた学生がその後どのようにリライトしたかわからない。最終的な成果物を見る機会は極めてまれである。

3.3　院生チューターとES相談

　かつて本センターが雇用していた大学院生チューターは、主に後期博士課程在籍者であった。先述したように、彼女たちが個別相談で担当するのは、レポートや論文などアカデミックな文章に限られ（留学やゼミの志望理由書などは含む）、就職のES相談はセンターの教員のみが応じる、というのが本センターの方針であった。予約システムも、「就職関連」かそれ以外かで、担当できるチューターが自動的に決まる設定になっていた。

　なぜ、院生チューターはES相談から除外したのか。それは彼女たち自身にESを書いた経験がないから、という理由が最も大きい。もちろん、書いた経験がなくても文章を客観的に見ることはできるだろう。専門外の領域の文章を読んでアドバイスをすることは、ライティングセンターではよくあることで、たとえば理系のレポートを文系のチューターが見ることも珍しくはない。

　しかし、ESの文章は院生たちが普段読み、書き慣れているアカデミックな文章とは形式や書く際の心構えなどがかなり異なる、と私たちは考える。何回か研修や勉強会を行えばアドバイスのコツがわかる、というものでもないように思える。

　また、学生の進路に関わる文書を見なければいけない、というチューターにかかる心理的負担にも配慮した。もちろん、ライティングセンターは学生

の成績を上げたり、試験などに合格する手助けをしたりする場ではないので、ESが通過する、しないはセンターやチューターの責任ではないのだが。

　私たちのこうした方針に関しては、さまざまな考え方があるだろう。しかし、本センターにとっては、これが最も合理的で現実的な選択であった。もちろん、教員なら誰もがES相談に向いている、というわけでもない。前述の通り、本学の特任・客員教員2名は、たまたま企業で働いた経験も長く、ES相談に向いていたといえる。また、人材派遣会社で長く働いた経験のある大学院生チューターが在籍していたときには、彼女にもES相談を担当してもらっていた。

3.4　どのように指導するか

　ESの相談は大きく分けると3つに分類される。
「何をどのように書いたらよいのかわからない」
「書くことがない」
「書いたものがちゃんと設問の答えとなっているか、伝わるか」
　このほか、マスコミ志望の学生が小論文や作文の練習で訪れる場合もある。
　では、私たちが具体的にどのようにESを指導しているか、一応は書き上げ、「書いたものがちゃんと設問の答えになっているか」と相談に来る学生の例をもとに、簡単に紹介したい。まずは、相談での典型的なやりとりを再現する(Tはチューター、Sは学生。経験をもとにした架空の相談である)。

　T：今日はどんなご相談ですか。
　S：A社に出すESですが、「学生時代、最も頑張ったこと」が、初めて読む人にも伝わるかどうか見てほしいです。
　T：締め切りはいつですか。
　S：10日後です。400字で書かなくてはならないのですが、この字数では伝えきれなくて……。今、600字ほどです。
　T：では、まず音読していただけますか。声に出して読むと、いろいろ自分で気になるところ、気づくこともあると思いますので、少し意識しな

がら読んでみてください。

S：（音読）

T：読んでみて、いかがでしたか。

S：言葉の繰り返しがありますね。2行目と5行目は、ほぼ同じことを言っている感じです。それから、結局、何を頑張ったのか、はっきりしない気がします。どこを強調し、どこを削ればよいのか……。

チューターは質問を重ねていく。

T：一番頑張ったこととして、オーケストラサークルの活動を挙げていますね。「パートリーダーとして、パート内のコミュニケーションを大切にしました」と書いていますが、そもそも楽器は何を担当されているのですか。

S：バイオリンです。あっ、それを書いていませんでしたね！3歳からずっとやってきたのですが、大学で初めてオーケストラに入って……。

T：えっ、3歳からだと18年間……？ずっとバイオリンを弾いてこられたのですか。すごいですね。

S：ええ……。この情報は入れたほうが良かったですね。

T：そうですね。オーケストラサークルと言っても、○○さんがどんな楽器を演奏し、どんな立場でいらしたか、この文章からはイメージしにくかったので。で、大学まではずっとソロで弾いてこられたわけですよね。オーケストラだと、だいぶ勝手が違ったのでは？

S：そうなんです。最初は自分さえうまく弾ければいい、だれよりもうまく弾いてやろう、って思っていたのです。ところが、パートリーダーになって、みんなにアドバイスする時間が増えるなか、この考えではダメだな、って思うようになったんです。

T：それは、どういうことですか？

S：「私はこう弾いている。だから、みんなもこう弾いて」と一方的にいうだけではダメで、全員が本当に「音楽って、楽しい」と思ってくれるようにしなければ、と気づいたんです。たとえば……

ここから具体的なエピソードが次々と出てきて、学生の表情が輝きだす。「パート内のコミュニケーションを大切にした」という抽象的な表現では伝わってこなかった、この学生にしか書けないような話である。
　さらに、この経験から何を得たのか、何を学んだのかを聴いていく。

　S：みんなが納得できるまで語り合うことの大切さを学びましたね。「こうあるべき」という思い込みを捨て、みんなでひとつのものをつくりあげるんだ、という発想を持つことで、新たな発見があるという……。あれ？そうなると、ここで私が書いている「あきらめない姿勢」というのと、ちょっとニュアンスが違うかもしれない……。

　自ら言葉にして説明するうちに、忘れていたエピソードや、大事なキーワードが浮かび上がってくる。また、話の矛盾点や不自然な展開に、本人が気づくことが多い。表面的な文章で取り繕おうとすると、無理が生じたり、論理性のない文章になったりしがちであるが、具体的なエピソードを積み重ねることで、説得力のある文章に変わっていく。
　具体性を引き出すため、チューターはさまざまな角度から質問をする。「いつから？」「どこで？」「だれと？」「何を？」「どのように？」「なぜ？」など5W1Hを繰り返し尋ね、学生はそれに答えていく過程でさまざまなことに気づき、内容を深化させていくのである。
　特に「なぜ？」を繰り返すことで、軸が固まり、あいまいだった自己分析や志望動機も明快になっていく。就職活動は、学生が自分ととことん向き合い、自身に問いかけ続ける活動でもある。それゆえ、添削ではなく、質問と対話を重視するライティングセンターは、そのサポートをするのに最適な場所といえよう。
　また、ESが通過し、面接に進むと、面接官からは掘り下げた質問が投げかけられることになる。ライティングセンターでのチューターとのやりとりは、そのまま面接の対策や練習にもなる。

3.5　補助線を引く

「何をどう書いてよいのかわからない」という学生に対しては、まずESの「読み手」がどのような人だろうか、と想像させてみることから始める。相手は学生のことや、本学のことを全く知らない、企業や団体の人である。目の前には書類の山。ESに書かれた情報だけを頼りに、「この学生はどんな人で、なぜわが社に関心を持ったのか」を知りたいと思っているはずだ。では、何を書くべきなのか。どういう情報が求められているのだろう。一つひとつ学生と確認する。

たとえば、自己PRなら、何をアピールできそうか、その学生の強みは何かを聞き出していく。強みがわかったら、次にその強みを裏付けられそうなエピソードを探る。前述の架空の相談のように、アピールしたいことと、それを裏付けるエピソードが一致しないことはよくある。ほかにエピソードはないだろうか。もしかしたら、アピールすべき強みがそもそも違うのではないか。あれこれ学生と話し合い、探っていく。

それでも「書くことが何もない」「アピールできるようなことをしてこなかった」と嘆く学生がいる。

「成績優秀で表彰された」「自転車で世界1周した」「××の全国大会で優勝した」など、何か特別な技能や経験をアピールできる学生はそうそういるものではない。圧倒的多数の学生は、学業、アルバイト、サークルなど、似たような経験しかしていないものである。しかし、ライティングセンターの相談に訪れる学生のなかには、「特別な経験がないからアピールすることがない」と思い込んでいる人が多い。

そのような学生に対して、私たちは「就活は自慢大会ではなく、企業も特別な経験をした人を求めているわけではない」と指摘する。似たような経験をしたなかでも、その学生はどのような問題意識で取り組み、いかに考え、どう行動し、何を学んだか。それが入社後、どう生かせそうかなどを企業の人は見ているはずである。それは一人ひとり違うはずで、そこからそれぞれの学生のアピールポイントなども見えてくるのではないか、とアドバイスをする。

そのうえで、学生にさまざまな角度から質問を投げかけ、学生の強みやオリジナリティーなどを一緒に「掘り起こす」作業を進める。学生が失敗談だと思っていたことや、たいしたことではないと切り捨てていたエピソードも、光の当て方や書きようによっては立派なアピールポイントになることがある。あるいはAという経験とBという経験を組み合わせることで、それまで見えづらかった、その人ならではの強みが浮かび上がってくることもある。チューターの仕事は、学生の思い込みを解きほぐし、新たな見方を浮かび上がらせる「補助線」を引いてあげることだともいえる。

3.6　感情を書く

　「なぜ？」と繰り返し尋ねるなかで、「そのとき、どう思った？」「なぜ、そう感じた？」「どういう思いで取り組んだ？」など、感情面も聴いていく。レポートでは、筆者の感情を書くことはあまりないだろう。むしろ、学生たちは大学の授業では「レポートは感想文ではない」と繰り返し指導され、どう感じたかという筆者の感想や感情は排除するよう求められてきた。しかし、ESではそこをいかに掘り下げていくかがカギとなってくる。

　留学先で思うように英語が話せずに苦労したという話は、本学の場合、多くの学生がESに書く題材のひとつである。ある学生もそうしたエピソードを書き、「それからは先生にこまめに質問に行ったり、予習・復習などを徹底したりし、英語力を伸ばしました」と書いていた。しかし、読んでいて胸に響いてこない。多くの学生が書く、似たようなエピソードのひとつに過ぎなかった。

　そこで、最初の「思うように英語が話せなかった」経験について詳しく尋ねてみると、次のような答えが返ってきた。

　「教授から『君の英語は何を言っているのか、さっぱりわからないから、だれか通訳してくれる友だちを連れてきなさい』と言われてしまったのです」

　「そのとき、どう思いましたか」

　「もう恥ずかしいやら、悔しいやら、情けないやら……。自分では英語ができるほうだと思っていたので、屈辱的でした。いま思い返しても涙が出そうです」

話しながら、本当に涙がにじんでいる。そのときの学生の悔しさなどが、こちらにも伝わってきた。その挫折感や屈辱感があってこその猛勉強だったのであろう。感情やそのときの気持ち、行動の動機などを掘り起こし、必要に応じてその「喜怒哀楽」も言葉にしていくことで、この学生のESは一気に伝わるものになった。

3.7 正解のない「自己省察」

　大学受験、あるいはその後、大学で学生たちが書いてきた文章の多くには、ある程度正解があり、これさえ書けば大丈夫、という一定の合格ラインがあった。しかし、ESはそうはいかない。前述した通り、人気企業では万単位でエントリーがある。ESは受験者をふるいにかけるものであり、他の人と似たようなことを書いていては埋もれてしまうことになる。

　しかし、「正解がない」ということに学生は戸惑い、不安になるとマニュアル本を見たり、インターネットで検索したり、受かった先輩のESを真似たりする。インターネット上にはES作成のためのテンプレートなどもある。そうした事例を参考にした学生たちのESは、驚くほど似たようなものになる。

　テニスサークルをバレーボールに変えただけ。カフェでのアルバイトがアパレル店や塾講師の設定になっただけ。ちょっとした「挫折」があり、気づいたことや先輩のアドバイスをノートに書きとめ……といった話の展開や、そこから得た気づき、学んだことなどもそっくりなのである。

　「私は周囲を巻き込みながら課題を解決する力があります」とアピールする学生がやたら多い年があった。「あなたが周囲を巻き込み、課題を解決した経験」を問う企業や、そういう人材がほしいと、ホームページに掲げる企業があったためである。自分の長所や強み、志望動機などを無理やり、その会社が求める人材像に合わせた結果、エピソードと結びつかない、ちぐはぐなESになってしまう例も多く見られた。

　ここ数年は「失敗談を入れ、そこから何を学んだか」というエピソードを入れるとよい、という「伝説」が独り歩きしているようで、自己PRも失敗談から書き始める学生が何人かいた。

「私はこのような失敗をしたから、こういう長所があります」という展開は、場合によっては効果的かもしれないが、絶対ではない。むしろ、失敗談から書き出してしまったために、強みよりも失敗ばかりが印象に残る、妙な自己PRになってしまう学生もいた。

　「ESでも、面接でも、正解を求めてくる人がすごく多いですね。ESは、どこかで『正しい書き方』と言われている内容をもじったものが多すぎる。面接でも、どう答えたら正解かと聞かれます。ESにも面接にも正解はない。書き方を勉強するのは大切だと思いますが、自分の言葉で書いてほしい」と、ニトリ人材採用部マネジャーは朝日新聞社のインタビューで答えている。

　この「自分の言葉で書く」ことで苦労する学生が非常に多い。

　特に志望理由を書く際、企業のHPから言葉をそのまま抜き出し（コピペし）て「貴社は×××という強みを持っています。だから、私は貴社を志望します」などと書きがちである。その企業の強み、魅力を自分なりにどのように理解し、どこに興味を持ったのか。その理由はなぜか。マニュアルにとらわれず、「自分の言葉」で語ることができるようになるには、やはり「なぜ」と繰り返し問い続けるしかない。書くことは考えることであり、書いては考え、考えては書く、の繰り返しなのである。個別相談を通して学生にそう伝え続けることも、ライティングセンターの重要な役割の一つである。

　ところで、個別相談でのこうしたやりとりは、谷（2013）が取り組む「パーソナル・ライティング」の教育実践と通じるものがある。谷が「日本語リテラシー」の授業で学生たちに書かせているのは、「自己省察（内面の掘り下げ、とらえ返し）」に主眼を置くエッセイである。題材はドラマチックで特別な経験ではなく「むしろ、一見平凡で変哲のないと思っていた日常的な出来事や光景の中に、さまざまな感情の起伏、微細な感覚の感受、いろいろな思いの交錯があり、その内実は一人ひとり異なる『その人らしさ』に彩られている」と学生たちに気づかせる。そして、感情の「掘り下げ」や、その感情や記憶の意味の「とらえ返し」を通して、自己認識を深化させるのだが、「その深度に比例して、他者へ、世界へと射程を伸ばす力が生まれる」というのだ。

　私たちがライティングセンターで行っているキャリア支援も、こうした取

り組みに近い。私たちは、就活のテクニックやノウハウを教えるのではない。谷の言葉を借りれば、書いては考え、考えては書くプロセスを通して学生に「自己省察」を促し、深化させた自分を企業や社会や世界へとつなげていく力を磨くサポートをしているといえる。ここに、キャリアセンターではなく、ライティングセンターが行うキャリア支援の意義があるように思える。

3.8　アカデミック・ライティングとの共通点

　ここまで、本センターで行っている ES 相談について紹介してきた。自らの体験を、感情面も含めて書いていく ES の文章は、普段の授業などで学生たちが書いているアカデミックな文章とは性格やスタイルが異なるものだと述べてきた。

　一方で、両者には共通点も多い。2015 年 9 月、本学が関西大学と共催して開いたシンポジウム「大学教育における『書く力』どう測る　どう伸ばす　―ルーブリックの活用と課題―」で基調講演を行った朝日新聞長野総局長（当時）の薮塚謙一は「相手に伝わる文章とは、自分の主張や思いがあって、その背景に根拠がある、ということ。よくアカデミック・ライティングとパーソナル・ライティングは違うと思われるが、何がどこまで違うだろう。何か文章を書くときには根拠を示すというのは基本であり、それは社会に出てからも同じことである」「自分の体験も立派な根拠である」と指摘した。何かを主張するには、それを裏付ける根拠が必要であり、それはレポートでも、ES でも、社会に出てからのプレゼンでも同じである。そのことを私たちも個別相談を通して繰り返し学生に伝えてきた。

　また、ES で志望動機などを書く際には業界や企業の研究をし、資料を集め、それを自分の言葉で理解し、説明できるようにする、というプロセスが大事である。これもレポートを書くときと全く同じである。

　ライティングはプロセスであり、考えては書き、書いては考えるの繰り返しである。それゆえ、ライティングセンターの ES 個別相談も時間がかかる。1 回 45 分の相談に何回か通う間、ときには混乱し、立ち止まったり、迷ったりする学生も出てくる。ライティングのプロセスと関連づけて粘り強く学生

と向き合うことも、ライティングセンターがキャリア支援に関わる意義だと私たちは考えている。

　また、就職活動で初めてライティングセンターを利用した学生が、その後、卒業論文を書く際にもセンターを利用するようになった例もある。考えては書き直すことで着実に文章が変わっていった経験をした学生だからこそ、卒業論文もより納得の行くものにしたい、という意欲がわいたようであった。

4．今後の課題

　このように、ライティングセンターでは、ES 相談などのキャリア支援においても、とことん考え抜く指導を心がけてきた。最後に、今後の課題についてもいくつか指摘したい。

　ひとつ目は、依存の問題である。センターは自立した書き手を育てることを目標にしているが、繰り返し訪れる学生が多い ES 相談は、学生の依存度が高くなる危険性もある。「前回は 300 字で書いた自己 PR を、今回は 400 字で書かなくてはいけないので見てください」という具合に、応用力があれば対応できそうな相談で来る学生もいる。しかし、就活という大きなプレッシャーのなかで押しつぶされそうになっている学生を追い返すこともできない。依存させないよう支援する、というバランスの見極めが難しい。

　その意味でも、いろいろな部署との連携が重要で、これがふたつ目の課題であろう。授業との連携、学生生活課などとの連携はもちろん、学生がストレスや強い不安感などメンタルな問題を抱えているようであれば、カウンセラーと連絡を取り合ったり、情報共有したりする必要もある。本学にはカウンセラーが常駐するウェルネスセンターがあり、学習障害を抱えた学生の指導なども、同センターのアドバイスを受けながら取り組んできた。今後、各部署との連携をさらに強め、それぞれの学生に合ったきめ細やかなサポートを考えていきたい。

　3 つ目の課題は、今後求められる「ライティング」力にどう対応していくか、ということである。筆者は 2012 年度、関西大学との取組の一環でアメリ

カの大学のライティングセンターの視察を行った。そのうちの1校、2013年2月に訪れたスタンフォード大学の Hume Writing Center は、同年秋から Hume Center for Writing and Speaking になり、ライティングだけでなく、これからはプレゼンやスピーチなどにも力を入れる方針だと語っていた。グローバル社会で今後、求められる「発信力」は、どのようなものになるのだろうか。ライティングセンターは、時代の変化にどこまで対応できるのか。今後の課題になりそうだ。

気になる動きもある。入社の選考に人工知能（AI）を導入する動きが一部企業の間で広がっているそうだ。過去のエントリーシートへの評価情報を学習した AI が、新しい応募者の ES を評価し、基準を満たしたものを通過させるのだという。これでは「正解」がないはずの ES に正解・不正解を作ることになりかねない。合格者の ES を参考に必要な要素を盛り込めば、「通る ES」が完成する、などということもありうるのではないか。AI の導入で雇用や仕事のあり方が大きく変わることが指摘されているが、今後ライティング教育、キャリア教育のあり方も AI 時代に合わせた変化や、新たな対応が求められるのかもしれない。

大きく、目まぐるしく変化する社会のなかで、私たちが学生につけるべきライティング力とはどのようなものなのか。大きな問いに対する答えを模索し続けなければならない。

注

1　2018年7月1日現在。2016年4月に学長に就任した。

参考文献

朝日新聞社×株式会社学情「朝日学情ナビ2017 あさがくナビ BOOK 人事のホンネ読本」2015年5月20日、p.22。

一般社団法人日本経済団体連合会「2017年度新卒採用に関するアンケート調査結果」2017年11月27日。

関西大学教育開発センター、津田塾大学ライティングセンター「〈考え、表現し、発信する力〉を培うライティング／キャリア支援2015（平成27）年度報告書」、p.95。

公益財団法人電通育英会「大学生が身につけるべき力④コミュニケーション力事例3

津田塾大学」『IKUEI NEWS』Vlol.49、2010 年 1 月、pp.15-16。
佐渡島紗織・太田裕子編（2013）『文章チュータリングの理念と実践　早稲田大学ライティング・センターでの取り組み』ひつじ書房、p.4.
谷美奈「自己省察としての文章表現―『日本語リテラシー』の教育実践を事例として」関西地区 FD 連絡協議会、京都大学高等教育研究開発推進センター編（2013）『思考し表現する学生を育てるライティング指導のヒント』第 5 章、ミネルヴァ書房、pp.100-114。
谷美奈「教育のメイルストロム―パーソナル・ライティングを通じ、学生が思考し表現していく手助けをしたい」『看護教育 Vol56.No.7』2015 年 7 月、pp.587-593。
村井七緒子「教えて！人工知能②どんな産業で導入が進んでいる？」『朝日新聞』朝刊 2018 年 1 月 11 日、p.5.
Stanford University Hume Center for Writing and Speaking, https://undergrad.stanford.edu/tutoring-support/hume-center（アクセス日 2018 年 8 月 20 日）。

第4章

ルーブリックを活用する

毛利美穂、千葉美保子

　近年、ルーブリックは従来評価できなかったパフォーマンスを評価できるツールとして、国内の大学教育において急速に浸透している。本章では、関西大学・津田塾大学によるルーブリックの開発とその試行について述べる。まず、第1節では、関西大学・津田塾大学それぞれのルーブリックの開発について報告したのちに、両大学で協働したライティングセンタールーブリックの開発過程を共有する。第2節では、各大学におけるライティングセンタールーブリックの試行結果を報告する。そして第3節・第4節では、主に科目ルーブリックをテーマに、ルーブリック評価の普及を推進する関西大学・教育開発支援センターの事例を紹介する。

1. 関西大学・津田塾大学によるルーブリックの開発

1.1　ルーブリック開発に向けて

　ルーブリックとは、「成功の度合いを示す数値的な尺度と、それぞれの尺度に見られるパフォーマンスの特徴を示した記述語からなる評価基準表」である（田中 2003）。客観的な指標によって評価のズレを抑止するとともに学修成果を可視化することができる評価ツールであり、「他の手段では困難な、パフォーマンス等の定性的な評価に向くとされ、評価者・被評価者の認識の共有、複数の評価者による評価の標準化等のメリットがある」とされる（中教審答申 2012）。ルーブリックの活用方法には、教員によって学修成果物を評価するほかに、学習者に事前に提示することで、学習者自身で学修到達度を確認するなどの自己評価を促す方法がある。現在は、能動的学修法であるアクティブ・

ラーニングの推奨に伴い、自己評価としてのルーブリック活用も注目されており(遠海・岸・久保田 2012)、プレゼンテーションやグループ学習などの評価の他、レポート評価においてもルーブリックは有効であることが指摘されている(池田・畔津 2012)。

このように、ルーブリック、特にレポート作成法などの学修およびその評価におけるライティングルーブリックは、学修の質保証や可視化という点で有用である。そのため、その作成・使用は奨励され、また実際に取り組むものの、一からルーブリックを開発するのは至難の業でもある。それは、開発手順を確認すると明確だろう。

【開発手順】
- 評価項目(評価の観点)の策定
  ①学位授与方針(ディプロマ・ポリシー)や各学部・授業が目指す学生像を明確にする。
  ②学生の現状をふまえ、どのような資質や能力を身につけるべきなのか、キーコンピテンシーを検討して確定する。
- 評価基準の策定
  ③事前に予想される学生の行動・学習の過程を可能な限り可視化(リストアップ)する。
  ④複数の教員(できれば3～4名)の合議によって、リストアップしたパターンから、評価の観点、達成の度合いを示す尺度、それぞれの尺度に見られるパフォーマンスの特徴を示した記述語を練り上げる(高浦 2004)。
  ⑤それらの作業を進めながら尺度の各項目を作成し、さらに新しいパターンが生まれた場合は、ルーブリックに追加する作業を継続していく(松下 2007)。

これに、検証と改定の作業が加わり、運用までに少なくとも半年から1年を要する。この作業を省略するために、たとえば、AAC&U (Association of American

Colleges and Universities：全米カレッジ・大学協会）が取り組むVALUE（Valid Assessment of Learning in Undergraduate Education：学士課程教育における合理的な学習評価）プロジェクトでは、16種類のルーブリックが公開され、2014年9月時点で100キャンパス約3万3000人に使用されているが（『〈考え、表現し、発信する力〉を培うライティング／キャリア支援2014年度報告書』2015）、このような既存のルーブリックを各大学・授業のニーズにあわせて修正してから使用することも行われている。

　重要なのは、ニーズをふまえて話し合い、修正することである。

1.2　大学生に必要なライティング力の抽出

　関西大学と津田塾大学は、既存のルーブリックを参考にしつつも、一からルーブリックを開発した。理由は、その開発目的にある。

　両大学の特徴として、関西大学ライティングラボ、そして津田塾大学ライティングセンターという、全学対象のライティングセンターを擁していることがある。ルーブリック開発の目的は、このライティングセンターを核としたライティング／キャリア支援の確立である。具体的には、〈考え、表現し、発信する〉能力の養成に際して、個別の授業への導入にとどまらず、ライティングセンターを中心とした、学習支援機関とカリキュラムとの綿密な連携のもとでのルーブリック導入である。それぞれのライティングセンターの支援分野や、蓄積してきたデータなどの特性を活かし、それらを共有することで、多様かつ汎用性の高いルーブリックを蓄積し、利用者に広く提供することができる。また、それにより、両大学のみならず、ライティングセンターを運営する機関の益とすることを目指している。

　ライティングセンターが、ルーブリックを開発する意義としては、さまざまな学部や専門性を背景とした学生が、執筆プロセスにおけるあらゆる段階の文章を持って訪れる施設であることが挙げられる。そのため、蓄積される文章の種類も多く、それらを元に、より汎用的なルーブリックを開発することが可能である。すなわち、「特定の学部・クラスを越え、ライティング力を客観的に測れるルーブリック」の開発である。また、レポートを課す授業担当教員に共通する悩みとして、どのような文章が「よい」のか、などの疑問があ

るが、ライティングを支援する施設として、その問いにも一定の回答を提示することもできる。

　ルーブリック開発に向けて、まず、着手したのは、大学生に必要なライティング力について、メンバーが共通認識を持つことであった。そのため、基本となるライティングルーブリックの開発から始めることにした。

1.3　ライティングルーブリックの開発

　ライティングルーブリックの開発は、2014年度から始まった。

　関西大学では、専任教員1名（中澤）と特任教員3名（毛利・小林・西浦）を中心に、検証のための教員、レポート提供およびモデルクラスの担当教員など、作成から検証までの各段階に応じて幅広く協力者を募り、作業を進めた。作成者や評価者の人数に関しては、評価の信頼性を確保するため、3〜4名に定めた（松下2014）。

　メンバーは、それぞれライティング指導経験があり、ライティングに関するテキストや論文などの著作もある（中澤・森・本村2007、毛利・中尾2011、小林・杉谷2012）。したがって、「大学生に必要なライティング力」の抽出も容易にできるかと思いきや、初回で、各人が想定する対象学年もレポートの種類も異なる、という現実が明らかとなった。このことにより、ライティング力のイメージが多様であり、細かく共通認識をはかる必要があることに気づけたのは、その後のルーブリック開発において有用であった。

　初回では、大枠となる評価項目「主題」「構成」「根拠」「表記」を決め、次に観点（**表4-1**）と尺度の作成ガイドライン（**表4-2**）を定めた。

　完成した7観点4尺度のルーブリックの内容をみると、文系・理系のライティングを想定しつつも、メンバーの専門分野とライティングセンターに蓄積されていたデータの偏りから、文系寄りの内容になっていたことは否めない。

　検証では、文系・理系、および上位年次・下位年次より提供されたサンプルレポートのうち、それぞれ計30本を、メンバー4名が約2週間かけて評価した。その分散（**表4-3**）から、評価判断が易しいG以外は、評価者間での評価が一致しているとは言い難い結果であった。特にA・Bに関しては、レポー

表4-1 評価項目・観点の素案（初回）

項目		評価の観点	ポイント
主題	A	主題の明確さ	問いの設定
	B	主張・根拠の明確さ	主張とつながっているか否か等
構成	C	型（構造・要素）	アカデミック・ライティングとしての論の型に基づいているか等
	D	展開（つながり・流れ）	議論の流れが論理的か否か等
根拠	E	文献の検討	文献を調査し、自分の意見以外の論（反論も含む）を組み込んでいるか
表記	F	引用のルール	学術用語・用語の定義・キーワードをふくめ、論文作成の作法、引用ルールが守られているか
	G	表記	文体の統一や語彙など、日本語の文章としての表現・表記になっているか

表4-2 尺度の作成ガイドライン

尺度	尺度の定義	記述語の統一
1	課題目標が未達成な段階	～（が）ない／～できていない
2	課題目標を部分的に達成している段階	～はあるが、～はない／～しているが、～できていない
3	課題目標を達成している段階	～がある／できている
4	課題目標を達成しているとともに、+α（優れた点）がある	～があり、～もある（できている）

表4-3 観点（素案）の分散

A	主題の明確さ	1.25
B	主張とその根拠	1.21
C	論文の構造（必要な要素）	0.73
D	論文の展開（つながり・流れ）	0.84
E	文献の検討	0.94
F	学術的な作法	0.85
G	表記	0.50

トの種類が複数（授業の振り返りレポートから報告型・論証型まで）であったため評価の判断が難しく、一致度が低くなっていることが明らかになった。

検証を経ての率直な意見としては、ルーブリックを使用することで、多種多様なレポートに対しても、客観的な評価を維持しやすかったことが挙げられる。これは、ルーブリックの利点を再確認した形であった。一方で、改善すべきこととして、次の3点が挙げられた。①ルーブリックで何を評価するのか、②実際のレポート・論文とルーブリックの内容における乖離、③記述語の不明確さ、である。

ライティングに関するクラスルーブリック

評価の観点	評価の観点の説明
① 教員の課題意図の理解	教員の課題意図を理解し、それに沿った記述内容になっているか。
② 資料の取り扱い	資料に関して、その内容を適切に把握し、十分な検討をしてまとめられているか。
③ 自分の立場・意見	自分の立場や意見が、説得力のある論拠とともに、明確に提示されているか。
④ 全体の構成	文章全体の構成について、序論・本論・結論、PREP等の形式になっているかどうか。
⑤ 学術的な作法	用語の定義、引用のルールなど、学術的な文章として適切な作法が守られているか。
⑥ 日本語の表現	日本語の文章として、表現・表記が適切であるか。

※各箇所をチェックし、もっとも良いケースで判断

①に関しては、たとえば、ライティング・プロセスを考えた場合、実際に書く以前のことも想定すべきだと判明し、観点として「教員の課題意図の理解」を追加した。②に関しては、秋学期に検証を行うモデルクラスにあわせて、検証レポートを文系寄りの内容に改めた。③に関しては、合議の結果、E・Fは、該当項目数に応じた段階設定が実情にかなっていると判断し、記述語による段階的な学習成果の測定方法ではなく、チェックリストを併用した。また、記述語に関しても、基準となるレポートの抽出と、そのレポート作成にあたっての教員指示を参考にし、抽象度が低くなるよう心がけた。そして完成した素案2（6観点4尺度）をメンバー以外の教員4名による約2週間の検証を経て、改善を行った。その分散が**表4-4**である。

分散は最大で1.07、平均は0.49である。Aに関しては、どのような課題内容であったか、また課題の資料を評価者に提示していなかったために、判断が難しく、一致度は低くなっ

表4-4 観点（素案2）の分散

A	教員の課題意図の理解	1.07
B	資料の取り扱い	0.34
C	自分の立場・意見	0.33
D	論理構成	0.49
E	学術的な作法	0.38
F	日本語の表現	0.34

©関西大学ライティングラボ
2014年11月26日完成

1	2	3	4
課題意図を理解できておらず、レポートの記述内容が課題に沿っていない。	課題意図を理解しているようだが、レポートの記述内容が課題の要件を満たしていない箇所がある。	課題意図を理解しており、レポートの記述内容が課題の要件をおおむね満たしている。	課題意図を十分に理解しており、レポートの記述内容が課題の要件を過不足なく満たしている。
資料に関しての記述がない。	資料に関する記述はあるが、その内容を把握できておらず、まとめられていない。	資料に関して、その内容が把握できており、まとめられている。	資料に関して、その内容が把握できており、論に沿ってまとめられている。
自分の立場・意見が提示されていない。	自分の立場・意見は提示しているが、その論拠が明らかでない。	自分の立場・意見が、論拠とともに提示できている。	自分の立場・意見が、論拠とともに提示できており、かつオリジナリティがある。
序論・本論・結論、PREP等に沿った構成ができていない。	序論・本論・結論、PREP等に沿った記述はみられるが、形式的に欠けている部分がある。	序論・本論・結論、PREP等に沿った構成が形式的にできている。	序論・本論・結論、PREP等に沿った構成が形式的にできており、かつ内容的にも一貫している。
満たしている項目が、1項目以下である。	満たしている項目が、2～3項目である。	満たしている項目が、4項目である。	満たしている項目が、5項目である。
満たしている項目が、2項目以下である。	満たしている項目が、3～5項目である。	満たしている項目が、6～8項目である。	満たしている項目が、9項目以上である。

⑤学術的な作法
1 表題、所属（学籍番号、学部、学年等）、氏名の基本的な情報が記されている。
2 出典を明示しており、自分の意見と他者の意見を区別している。
3 本文中の引用方法について、ルールに従って表記されている。
4 巻末の文献表があり、分野ごとのルールに沿って表記されている。
5 専門用語の定義付けや使い方が適切である。

⑥日本語の表現
1 誤字脱字がない。
2 文法の間違いがない。
3 一文の長さが適切である。
4 文体が統一されている。
5 主語・述語が呼応している。
6 句読点の使い方が適切である。
7 段落の作り方（一字下げ、行替え、長さ）が適切である。
8 重複表現（接続詞、文末）がない。
9 論文では避けたい表現（隠語、俗語、口語表現）がない。
10 ページのレイアウト（行数・文字数、余白、ページ数の付与）が適切である。

図 4-1　ライティングに関するルーブリック（2014 年 11 月 26 日完成）

ていることが明らかになった。しかしながら、B～F に関しては、記述語の明確化により一致度が高くなっている。検証を経ての改善点としては、次の 2 点が挙げられた。①D の観点が漠然としていたため、より具体的な内容にすること、②チェックリストを文章化し、よりわかりやすく訂正すること、である。

その改善の結果、8 ヶ月かけてようやくルーブリックが完成し、モデルクラスでの検証が始まった。完成したルーブリックが図 4-1 である。

1.4　ライティングルーブリックの検証

完成したルーブリックは、2014 年度秋学期の共通教養科目「文章力をみがく」

表 4-5　2014 年度モデルクラスの授業内容

テーマ	回	内容
Ⅰ レポート作成 の基本を学ぶ	1	イントロダクション
	2	要約する
	3	批判する
	4	自分の意見を作る
	5	レポートの表記／パラグラフライティング
Ⅱ 情報検索と アイデアの構築	6	インターネットで検索する
	7	図書館で調べる
	8	情報を整理する
	9	アイデアを構築する①
	10	アイデアを構築する②
Ⅲ レポートを書く	11	アウトラインの作成
	12	内容の検討／引用と参考文献
	13	相互推敲・修正①
	14	相互推敲・修正②
	15	ふりかえり

のモデルクラス（中澤担当）で導入した。当該科目は、主に 1・2 年次生を対象とした全学科目である。受講者数は 24 名であり、所属学部は文学部を中心に、文系学部が主である。モデルクラスの各回の授業内容は**表 4-5** の通りである。

全 15 回授業を 3 期に区分し、段階的に作業した。まず第 1 回から第 5 回では、ルーブリックの各観点に沿った内容を盛り込んだ基礎的スキルの訓練である。その後、第 6 回から第 10 回で、レポート作成のための情報収集と整理および内容の検討を、グループ作業によって行った。その成果をふまえ、最後の第 11 回から第 15 回では、レポートの作成作業をした。ルーブリックは、4 〜 5 名のグループによる相互推敲（ルーブリックによるピア評価）を複数回行った上で、最終稿の自己評価と教員評価で使用した。

当該科目による検証は、2015 年度と 2016 年度（いずれも毛利担当）にも行い、その結果、ピア評価、自己評価、教員評価それぞれの評価値の平均の差は少なくなり、評価語の不明瞭さを改善することができた。**表 4-6** は、2014 年度（22 名）、2015 年度（23 名）、2016 年度（17 名）の自己評価と教員評価の最終稿におけ

表 4-6　各観点における自己評価・教員評価の差

	観点	2014	2015	2016
A	課題の意図の理解	0.9	0.9	-
B	資料の取り扱い	0.7	0.6	0.4
C	自分の立場・意見	0.7	0.5	0.3
D	全体の構成	0.6	0.5	0.1
E	学術的な作法	0.7	0.6	0.6
F	日本語の表現	0.2	0.2	0.3

図 4-2　高等部・自己評価風景

る評価値の平均の差である。

　この「ライティングに関するルーブリック」をベースに、共通教養科目「文章力をみがく」(約20クラスに提供)、文学部専門教育科目「知のナヴィゲーター」(約100クラスに提供)、社会安全学部統合科目群「入門演習」「基礎演習」(約20クラスに提供)の他、併設校である関西大学高等部の「卒業研究」などのライティングルーブリック(約20クラスに提供)を次々に開発した。

　また、2015年度は、全学の教員へのヒアリングおよびレポート課題に関わ

るアンケートを実施し、特に5月中旬(第6回)以降の課題としてブックレポートを設定するクラスが多いことがわかり、それに対応したルーブリックを開発した。開発したルーブリックは、2016年度に希望クラスを中心に計39クラスに提供した。

　2014年度から2016年度までに開発したライティングルーブリックは全6種である。このことは、モデルクラスでの3年にわたる検証と改定によって、関西大学の学生に求める基本的なライティング力が明確になったことを示している。

1.5　関西大学・津田塾大学のライティングルーブリック

　関西大学のルーブリック開発の知見は、津田塾大学と共有され、津田塾大学でも短期間のうちにルーブリックが開発された。

　開発当初の両大学の主な観点を**表4-7**に、両大学が開発した主なライティングルーブリックを**図4-3**、**4-4**に示す。

　図4.3は、関西大学が開発した「期末レポートに関するルーブリック」である。主に1・2年生を対象とした2000字程度の論証型レポートを想定している。文学部専門教育科目「知のナヴィゲーター」および共通教養科目「文章力をみがく」のモデルクラスを中心に検証を重ね、3度の改定を重ねた。2016年度春学期の提供は、44クラス(1年次30クラス、2年次11クラス、3年次2クラス、4年次1クラス)であり、基本的なライティングルーブリックとして、すべての学年において使用された。

表4-7　両大学の主な評価の観点

関西大学	津田塾大学
教員の課題意図の理解	準備段階
自分の立場・意見	内容の充実度
論理構成	全体の構成
資料の取り扱い	資料の取り扱い
学術的な作法	学術的作法
日本語の表現	英語表現力

第4章 ルーブリックを活用する 101

期末レポートに関するルーブリック(想定する文章:論証型レポート、2000字程度 対象:1・2年生)　　©関西大学ライティングラボ 2016年6月24日完成

課題		自分の立てた問い(問題)にかんする論証型レポートを作成しなさい		
評価の観点	評価の観点の説明	がんばろう!	優秀まであと一歩	優秀
① 資料の取り扱い	自分の意見を支える資料を3点以上選択し、十分な検討をしてまとめられているか　※資料とは、本、雑誌論文、新聞記事、Web情報など、公表されたものを指す	資料にかんする記述がない	資料が3点以上選択できている　自分の意見と取り上げられている資料との関連が分かりづらい	自分の意見に関連する資料が3点以上選択されている　種類・年代において偏りなく集めた資料をもとに検討している
② 問い(問題)の設定	どのような問いに取り組むのかが、明確に示されているか	取り上げる問いが提示されていない　取り上げる問いの背景が提示されていない	問いが具体的に絞り切れていない　問いと、その背景に関連がない　問いの背景(問いが生じた経緯、その現状分析)について、自らの体験や身の回りの出来事に基づいて述べられている箇所がない	問いが、ひとつの疑問文の形で示されている　問いと、その背景に関連がある　問いの背景(問いが生じた経緯、その現状分析)について、自らの体験や身の回りの出来事ではなく、客観的な事実やデータに基づいて述べられている
③ 自分の意見(答え)	文章において何がもっとも言いたいことなのかが明確に示されているか	自分の意見が提示されていない	自分の意見が複数提示されており、何がもっとも言いたいことなのかが分かりづらい	自分において何がもっとも言いたいことなのかが明確に示されている
④ 論証(理由)	論証を積み上げながら、自分の意見(答え)を導いているか	自分の意見を支える客観的な根拠・データが提示されていない箇所がある	自分の意見を支える客観的な根拠・データがすべて示されている　自分なりの解釈・説明が加えられていない(資料・データの羅列にとどまっている)	自分の意見を支える客観的な根拠・データと、それに対する解釈・説明が加えられている　自分とは異なる立場の意見やデータを取り上げ、それに対する批判的見解を述べている
⑤ 全体の構成	文章全体の構成が整っているか	文章全体の構成ができていない	序論・本論・結論に書くべき内容のいずれかが欠けている　各段落の関連がわかりづらい　本論で問い・自分の意見と関係のない根拠・データを用いていたり、結論で新たな課題を書いている	序論で取り上げる問題に対して、本論では論証(理由)、結論では答えが示されている　各段落の関連が明確である
⑥ 学術的な作法	用語の定義、引用のルールなど、学術的な文章として適切な作法が守られているか	1~4の項目が満たされていない	1~4の項目を満たしているが、5~9の項目のいずれかが満たされていない	すべての項目を満たしている
⑦ 日本語の表現	日本語の文章として、表現・表記が適切であるか	1~3の項目が満たされていない	1~3の項目を満たしているが、4~9の項目のいずれかが満たされていない	すべての項目を満たしている

⑥学術的な作法
1 表題、所属[学籍番号・学部・学年]、氏名の基本的な情報が記されている
2 出典を明示しており、自分の意見と他者の意見を区別している(引用を明示しているかなど)
3 引用文として、wikipediaや質問サイト(例:Yahoo!知恵袋)などを用いていない
4 巻末の文献欄(参考文献一覧)があり、分野ごとのルールに沿って表記されている
5 必要に応じて、キーワードや専門用語などの定義付けがなされている
6 体言止め、略語を用いていない
7 字体(明朝体・ゴシック体)の使用が適切である
8 ページのレイアウト(行数・文字数、余白、ページ数の付与)が適切である
9 主観的な表現(思う、感じる)を避けている

⑦日本語の表現
1 誤字脱字がない
2 文体が統一されている
3 話し言葉ではなく書き言葉を用いている
4 助詞(てにをは)、いう抜き言葉、重複表現など音葉遣いが適切である
5 意味がわからない文がない(必要な箇所に主語、目的語、5W1Hがある)
6 文の作り方(主語・述語の呼応、句読点の打ち方、一文一義)が適切にできている
7 段落の作り方(段落はじめの一字下げ、一段落一主題)が適切にできている
8 接続表現、文末表現において同じような表現がくり返されていない
9 何を指しているのかわからない指示語がない

図4-3　期末レポートに関するルーブリック

　当初、設定していた評価項目「教員の課題意図の理解」は、モデルクラスの授業内容に特化していく改定の過程で、授業内での告知が徹底されたため、最終版では省略している。

　図4.4は、津田塾大学が開発した「英語ライティング・ルーブリック」である。アメリカ文化コースのゼミを対象に、6クラス(3年次)で運用した。開発は、リサーチペーパーの基本を習得し、留学時の課題に対応できる基本を身につけることを目標に、担当教員が行った。ルーブリックは、各項目の内容を一文としてまとめるのではなく、リスト形式とした。

　津田塾大学では、この他、「日本語ライティング・ルーブリック」も開発し、英語・日本語の基本的なライティング指導に用いている。津田塾大学の特徴としては、学生が、自身のレポートのどの部分に不足があるかが理解できるよう、チェックリストなどを効果的に使用しているところである。

観点	A 素晴らしい	B もう少し	C もっと頑張ろう
準備段階	□ 課題の要件を十分に理解している（ワード数、必要な参考文献、締切日、スタイル等）。 □ アウトラインができている。 □ 十分な資料を集めている。 □ 時間配分を計画的に行った。	□ 課題の要件について、一部は理解しているが、理解不足の点がある。 □ アウトラインがあるがもう少し工夫が必要。 □ 資料の収集にもう少し努力が必要。 □ 時間配分や計画にやや無理があった。	□ 課題の要件を理解しておらず、要件を満たしているとは言えない。 □ アウトラインがない。 □ 資料収集ができていない。 □ 計画性に乏しく、時間切れの状態で課題に向きあってしまった。
全体の構成	□ ティーシスが明快に立てられている。 □ 序論、本論、結論の構成がしっかりと立てられている。 □ 全体のバランスがとれている。 □ 先行研究を十分に渉猟している。	□ ティーシスが明確になっていない。 □ 序論、本論、結論等の構成が一部はできているがしっかりとは立てられていない。 □ 全体のバランスに今ひとつの工夫が必要。 □ 先行研究に少しはあたっている。	□ ティーシスが提示されていない。 □ 論文として構成が成立していない。 □ 全体のバランスがとれていない。 □ 先行研究にまったく言及していない。
資料の取り扱い	□ 十分な文献や資料に当たっている。 □ 一つの立場だけでなく、異なる立場の資料も収集し、紹介している。 □ 英語の文献を十分に収集している。	□ ある程度の文献には当たっているが、もう少し十分な資料が必要。 □ 一つの立場の資料しか収集していない。 □ 英語の文献をもう少し収集する必要がある。	□ 十分な文献に当たっていない。 □ 特定のサイトや文献のみに依拠し、そのサマリーのようになっている。 □ 日本語の文献しか収集していない。
英語表現力	□ 読みやすい英語で書かれている。 □ スムーズに内容を把握できる。 □ 文法的な問題がない。	□ ある程度読みやすい英文で書かれている。 □ 内容が理解しにくい部分がある。 □ 時制の不一致など文法的な誤りや間違った英語の使い方がそれほど多くは見られない。	□ 英文の意味を理解するのが困難である。 □ 内容が把握しにくい。 □ 文法的な誤りがある英文や綴りの間違いなどが多い。
英語論文を書くうえでの手続的作法	□ パラフレーズの目的と方法を理解し、効果的に用いられている。 □ 自分の意見をサポートするために効果的に引用されている。 □ パラグラフライティングができている。 □ 指定されたスタイルできちんと書かれている。	□ パラフレーズの目的と方法が十分に理解できておらず、適切に用いられていない。 □ 引用の仕方は理解しているが、効果的に行われていない。 □ パラグラフはあるが、トピックセンテンスやコンクルーディングセンテンスがない。 □ 指定されたスタイルで一部は書かれているが、記載の方法に問題が残っている。	□ パラフレーズの目的と方法を全く理解していない。 □ 引用の仕方を理解していない。 □ 基本的なパラグラフライティングができていない。 □ 指定されたスタイルで書かれていない。 □ 自分の言葉で書いていない。 □ 読んだ文献の要約を繋いだようなペーパーとなっている。
内容の充実度	□ 自分の意見や考察を説得的に論じている。	□ 自分の意見や考察を書いてはいるが、説得力にやや欠ける。	□ 自分の意見や考察を書いていない。

図 4-4　英語ライティング・ルーブリック

　ライティングルーブリックの開発により、ルーブリック開発の基本的な手順とライティングに対する認識を共有し、両大学の学生のライティング力の把握と、求める資質や能力を確定できたことの意義は大きい。特に、「教員の課題意図の理解」や「準備段階」といった準備段階を含めたライティングのプロセスについて共有できたことは、ライティングセンタールーブリックの開発にあたっての合議をスムーズにさせたといえる。

1.6　ライティングセンタールーブリックの開発

　ライティングルーブリックの知見を活かし、2015年度にライティングセンタールーブリックの開発を始めた。
　関西大学3名（毛利・小林・西浦）および津田塾大学2名（大原・飯野）の計5名の特任教員が、TV会議システムを用いて合議を重ね、2016年度より検証し、2017年度からの運用に目指した。

ライティングルーブリックではなく、ライティングセンタールーブリックを開発する理由は、特定の学部・クラスをこえたライティング力を客観的に測れるルーブリックの必要性と、ライティングセンターを運営する上でもっとも気になる、「ライティングセンターを利用した学生のライティング力はどの程度、身についているのか」への回答とするためである。

ライティングセンターは、「学生に書く力をつけさせるだけの場所ではなく、広く学修全般にむけての意識を変える契機としてほしい場所」であり、「ライティングにおけるプロセスの支援」の場である。そのため、ライティングにおけるテクニカルな側面のみならず、学生の意識の変化も視野に入れたルーブリックにすることが望ましい。

その意識をどう可視化できるのか、成果物の提示も含めた話し合いが、議論の中心であった。また、正規のカリキュラムとは異なり、ライティングセンターでは、その成果物を「評価」することは望ましくなく、あくまでも「学習（学修）促進」に力点を置いたものであることは、評価語の選定において心がけたことである。

その中、ライティングルーブリック開発の経験が枷となったことがひとつある。

ライティングセンターを訪れる学生は、成果物を持参する場合と、構想段階で成果物を持参しない場合がある。学生は、さまざまなライティングの段階でライティングセンターを訪れる。そのため、成果物だけを対象にするのではなく、「自分の考えを最終的に文章として表現できるようにする」というプロセスを表現することが要される。しかし、評価の観点を検討していたとき、どうしても成果物がある場合を想定してしまい、ライティングルーブリックとの差異化が曖昧になることがあった。ライティングセンタールーブリック≠ライティングルーブリック、であることを共有した上で、それでも、ルーブリックを利用する場がライティングセンターである以上、ライティングに言及することも必要であることを確認するまで、約4ヶ月もかかったのである。

この共有認識ができたことで、評価の観点とキーワードはすぐにまとまり（表4-8）、4月の検証に向けたライティングセンタールーブリックが完成した（図

表4-8 評価の観点とキーワード（2016年1月時点）

評価の観点	メモ（キーワードなど）
学修への主体性	セッション・推敲に対する態度（姿勢）、自律的な書き手、よりよい文章にする（向上心）
課題理解力	課題の読み取り（何を問われているのか）、読み手に対する分析・理解（誰に何を書かないといけないのか）
情報収集・分析力	収集した文献・表などの読解力、どんな情報が必要なのかがわかる、必要な情報を収集できる（検索語を的確にチョイスできる）＝必要な情報にアクセスできる
論理的思考力	文章構成・表記、問い・主張・論証が明確、アウトラインが立てられる
コミュニケーション力	発信＝自分の考えを明確に（わかりやすく）伝える（口頭でも、文章でも）、読み手を意識する

観点＼評価	がんばろう	優秀までもう一歩	優秀
計画性	・〆切から逆算して、何をしなければならないのかというライティングのプロセスを意識できていない	・ライティングのプロセスにかかわる、情報収集や分析、推敲などにどれだけ時間がかかるのか考慮できていない	・ライティングのプロセスを意識し、〆切から逆算して、推敲を含め、余裕をもって取り組んでいる
学修への主体性	・課題に対して、どこか他人事のようで、自ら取り組もうとする姿勢が見られない	・課題に対して、より良いものにしたいと思っているが、他者に頼ったり答えを求めようとする	・課題に対して、より良いものにしたいという向上心をもち、主体的に取り組むことができている
課題理解力	・課題において、何を問われているのかがわかっていない（理解があいまいである）	・課題の意図は理解しているようだが、課題で問われている、書くべき内容が書けていないところがある	・何を問われているのか、課題の意図を理解できている ・課題に応えるためには何をし、何を書かなくてはいけないのか理解している
情報収集・分析力	・課題として与えられた資料を読んでいない ・課題にかんしてどんな資料が必要なのかわかっていない ・課題にかんして必要な資料の収集方法がわかっていない	・課題にかんして必要な資料収集が限定的（内容、資料の種類、検索方法など）で偏りがある ・課題にかんする必要な資料を集めているが、取捨選択をしておらず、自分の意見との関連付けが不十分である	・課題に必要な資料をどのように収集したらよいかわかっている（図書館やインターネットの活用の仕方の理解を含む） ・課題にかんして必要な資料を、多様な角度から偏りなく複数集めている ・集めた資料を自分の意見に沿って整理、分析している
論理的思考力	・文章全体をとおして何が言いたいのかわからない ・文と文の前後のつながりがない	・文章全体をとおして何が言いたいのか焦点をしぼりきれていない ・「なぜそう言えるのか」を示すための理由や根拠が明らかでない ・段落ごとの前後のつながりがない	・文章全体をとおして何が言いたいのかが一貫している ・「なぜそう言えるのか」を示す客観的な理由や根拠がある ・文と文、それぞれの段落を、適切な接続詞などを用いて論理的につなげることができている
表現・発信力	・借り物のことばが多く、自分のことばで書いていない（コピペらしき箇所が多数ある） ・読み手を意識しておらず、独りよがりの文章になっている ・誤字脱字、文体の不統一など、表現における問題が多数見られる	・自分のことばで書こうとしているが、コピペらしき箇所が残っている ・読み手を意識しているが、内容が不足もしくは過剰な箇所がある ・誤字脱字、文体の不統一など、表現にかかわる点において見落としがある	・借り物でない自分のことばを用いて、自分の考えを表現し、発信できている ・読み手を意識しており、内容に過不足がなく、わかりやすい ・誤字脱字がなく、文体が統一されているなど、表現における問題がない

図4-5 ライティングセンタールーブリック（2016年4月時点）

4-5)。

　自立的な書き手となるためには、「計画性」と「学修への主体性」を身につけることが必要であり、ライティングセンタールーブリックの特徴として、この2観点を挙げることができる。

2．ライティングセンターにおけるルーブリックの運用

2.1　ライティングセンターで検証

　2016年度より、ライティングセンタールーブリックの検証が始まった。対象は、両大学ライティングセンターの全セッション、期間は春学期4ヶ月間、秋学期4ヶ月間と定めた。スケジュールは、春学期開始後2ヶ月目（1回目）と4ヶ月目（2回目）に検証報告を行い、春学期終了後から秋学期開始までの間に検証結果をふまえて改定し、秋学期に最終検証を行うこととなった。

　使用方法は、セッション後にチューターがライティングセンタールーブリックでチェックを行う、というものである。チェックしたルーブリックは、学生には非公開とした。理由は、当初セッション後にチューターが学生とともにライティングセンタールーブリックを確認し、学生に渡すものを想定していたが、評価語の検証を行っていない段階で学生に見せるのは適切ではないと判断したためである。チューターには、セッションの内容によっては、チェックをすることができない観点・項目がある可能性があること、使用しづらい点、改善した方がよい点などの使用感もメモ欄に残しておくことを周知した。

　なお、ライティングセンタールーブリックのチェック方法については、開発中のTEC-book（ライティングセンターの相談予約機能）を活用する案もあったが、検証段階であることもあり、紙媒体のルーブリックを使用し、蓄積は申込用紙などとともにファイリングした。

　1回目の経過報告では、約250件のルーブリックを使用したセッションをふまえ、「成果物がないと難しい」「『計画性』は、成果物に対してか？それともセッションを踏まえてのものか？」という想定していたものから、「尺度内のリストごとにチェックを入れている」という、ルーブリック形式よりもチェックリ

スト形式の方が適切と思える部分があることを示唆するものがあった。また、チューターが残したメモなどを見ると、特に「計画性」や「学修への主体性」などに解釈についての記述が残っており、チューター間の「記述語の解釈にブレが生じている」ことが確認できた。図4-6 は、チューターによるルーブリックチェックの一例である。

2回目の経過報告では、ルーブリックを使用したセッション約1000件をふまえて議論した。検討した意見は、以下である。

- 学生は、さまざまなライティングの段階でライティングセンターを訪れる。
- 書いていることだけを対象にするのではなく、「考えたことを最終的に文章として表現できるようにする」というセンターのプロセスを表現できればよいのでは？

図4-6　チューターによるライティングセンタールーブリックのチェック例

- 何に困っているのかを診断できるようなものに。
- 観点「論理的思考力」「コミュニケーション力」は、すでに書いていることを前提とした内容になっているので、書く前の段階で利用する学生も評価できる基準にした方がよいのでは？
- ライティングセンターでは、文章を書くことを通して、タイムマネジメント能力を身につけてほしいと期待する。

　改善に向けては、「さまざまな学生、文章、執筆段階の学生を網羅できるルーブリックは難しいため、セッションをふまえての観点だけでよいのではないか」という意見があがった。また、「成果物」の定義は慎重にしないといけないが、文章の進行状況が両大学で異なることが共有された。両大学センターの予約システム TEC-book では、予約の際に文章の進行状況(「ほぼ完成した」「ひと通り書いた」「半分くらい書いた」「ちょっと書いた」「まだ書いていない」、無回答)をチェックすることができる。関西大学ではアカデミック・ライティングの文章が主であり、予約時の文章の執筆進行状況では6割ほどが「ひと通り書いた」「ほぼ完成した」であるのに対し、津田塾大学ではエントリーシートなどキャリア系文章の相談が多く、予約時の文章の執筆進行状況は「まだ書いていない」「ちょっと書いた」が多く、セッション時に文章がある場合が少ない。さらに、年度始まりのライティングセンターに特有の相談状況、すなわち、授業の課題が少なく相談の際に成果物がない状況や、エントリーシートの相談が多い状況の中での、ライティングセンタールーブリックの位置づけについて改めて議論した。

　この両大学のセンター利用者の違いを確認することは、ルーブリック開発には不可欠な過程である。ライティングセンターとして、ライティング支援に関して同じ理念を掲げつつも、それぞれの利用者のニーズは異なることは自明の理である。ルーブリックは、各ニーズにあわせて修正することが重要であることから、各センターの運営状況に合わせた案をそれぞれ提出し、検討した。改定にあたっては、両大学の共通観点を「計画性」「学修への主体性」「課題理解力」「情報収集・分析力」とした。

2.2 それぞれのライティングセンタールーブリック

ライティングセンタールーブリックは、ライティングセンターが扱う文章すべてが対象である。そのため、改定に際しては、ライティングセンタールーブリックではかるスキルについての再確認と、ライティングセンタールーブリックが、ライティングセンターでの支援を受けて作成した文章の結果（成績や合否）に関係なく、ライティングセンターを使って良かったと思えるものであることを目指した。

秋学期開室前のチューター研修（2回実施）での意見も踏まえた関西大学ライティングセンタールーブリック改定版を図 4-7 に示す。なお、シートには、書いた文章の有無に応じて、書いた文章がない場合は観点①～④を、書いた文章がある場合は観点①～⑥をチェックすることを明示し、チューターが判断しづらい事例に対する凡例シートも作成した。

津田塾大学は、セッションでは、文章に対して「できる／できない」を診断

ライティングセンタールーブリック							© 関西大学ライティングラボ／津田塾大学ライティングセンター
書いた文章の有無	無→①～④をチェック 有→①～⑥をチェック	相談文章の種類	レポート（論証型・報告型）・卒業論文・レジュメ・スライド 志望理由書・その他（　　　） ※課題によっては5の段階まで求めない場合がある				学生氏名： 評価日：　年　月　日 評価者：
観点	評価	1（がんばろう）	2	3（優秀までもう一歩）	4	5（優秀）	評価についてのメモ
① 計画性		・〆切から逆算して、何をしなければならないのかというライティングのプロセスを意識できていない	・ライティングのプロセスにかかわる、情報収集や分析、推敲などにかかる時間が考慮できていない		・ライティングのプロセスを意識し、〆切から逆算して、推敲を含め、余裕をもって取り組んでいる	
② 学修への主体性		・課題に対して、どこか他人事のようで、自ら取り組もうとする姿勢が見られない	・課題に対して、より良いものにしたいと思っているが、他者に頼った答えを求めようとする		・課題に対して、より良いものにしたいという向上心をもち、主体的に取り組むことができている	
③ 課題理解力		・課題において、何を問われているのかがまったくわかっていない	・文字数だけにこだわらずに、課題の意図、書くべき内容の理解が不十分である		・何を問われているのか、課題の意図、書くべき内容を理解している	
④ 情報収集・分析力		・課題に関して必要な情報の収集方法（図書館・インターネット活用など）がわかっていない ・課題に関する資料を読んでいない	・課題に関して必要な情報の収集方法（資料の内容・種類など）に偏りがある ・課題に関する資料を読んでいるが、その内容についての理解に欠ける		・課題に必要な情報をどのように収集したらよいかわかっており、偏りなく複数集めている ・課題に関する資料を理解した上で、自分の意見と関連づけられている	
⑤ 論理的思考力		・文章全体をとおして何が言いたいのかわからない ・「なぜそう言えるのか」を示すための理由や根拠がない ・文と文の前後のつながりがない	・文章全体をとおして何が言いたいのかを焦点をしぼりきれていない ・「なぜそう言えるのか」を示すための理由や根拠らしきものはあるが、矛盾や飛躍がある ・段落ごとの前後のつながりがない		・文章全体をとおして何が言いたいのかが一貫している ・「なぜそう言えるのか」を示す理由や根拠が適切であり、矛盾や飛躍がない ・文と文、それぞれの段落を、適切な接続詞などを用いて論理的につなげることができている	
⑥ 表現・発信力		・借り物のことばが多く、自分のことばで書いていない（コピペらしき箇所が多数ある） ・文中や文末の引用箇所の表記が適切でない（まったく行われていない） ・誤字脱字、文体の不統一など、表現における問題が多数見られる	・自分のことばで書こうとしているが、コピペらしき箇所が残っている ・文中や文末の引用箇所の表記が適切でない箇所がある ・誤字脱字、文体の不統一など、表現にかかわる点において見落としがある		・借り物でない自分のことばを用いて、自分の考えを表現し、発信できている ・文中や文末の引用箇所の表記が適切である ・誤字脱字がなく、文体が統一されている、表現における問題がない	

図 4-7　関西大学ライティングセンタールーブリック改定版

するだけでなく、その理由・原因を明確にし、どのように改善していけばよいのかを支援する、という議論を踏まえ、「評価者からのコメント」欄において、どの部分が「できていない」から当該評価が与えられているのかを明示するためのチェックリストを設けた。津田塾大学ライティングセンタールーブリック改定版を図4-8に示す。

たとえば「筋道を立てた主張になっていない」点に対して、そもそも「アウトラインがない」のが問題なのか、「問いが不適切」だからなのか、その原因をチェックできるようにした。このルーブリックを用いることで、「表現・発信力」の問題だと思われていたことが、実は「論理的に書かれていない」ことに原因があり、論理的に書かれていないのは、そもそも「アウトラインがない」からだ、といった気づきも得ることができ、ライティングのプロセスを重視したアドバイスが可能になった。また「書く」以前の問題として、教員の指示理解や課題の読解力が不足している学生も少なからずいる、といった問題点も浮かび上がった。

ライティングセンタールーブリック © 津田塾大学ライティングセンター／関西大学ライティングラボ

学生氏名：
評価日：　　年　　月　　日
評価者：

課題	評価観点		がんばろう	優秀までもう一歩	優秀	評価者からのコメント
計画性	タイムマネジメント〆切から逆算して、現在、何をしなければならないのか、何が欠けているのかを示す		計画性がない	計画性はあるが十分ではない	計画性があり、余裕をもって取り組んでいる	□ライティングのプロセスを意識していない □提出期日・期限が不確か
学習への主体性	態度（姿勢）、自律的な書き手、よりよいものにする（向上心）、謙虚さ		課題に対し、自ら主体的に取り組もうとする姿勢があまり見られない	課題に対し、より良いものにしたいと思い、取り組んだり、答えを求めたりしている	課題に対し、より良いものにしたいという向上心をもち、主体的に取り組むことができている	□ライティングセンターは添削をしてくれるところ、と誤解している □書くことに対する苦手意識が強く、他者の助けがないと書けないと思っている □時間がないので、これ以上調べたり、書き直したりしたくないと思っている □教員の指示に囚われたから、といった消極的な理由で訪問した
課題理解力	課題の読み取り（何を問われているのか）		課題において、何を問われているのかがわかっていない（理解があいまいである）	課題の意図は理解しているようだが、そのために何を書けばよいのかの理解が十分でない	課題の意図を理解し、何を書くべきかの理解ができている	□教員の指示を正しく理解できていない／確認していない □課題の「型」（ブックレポート、報告型など）を理解していない □授業での学びや、テキストの理解が不十分 □要約のしかた、批判的な読み方などがわからない
情報収集・分析力	文献など、収集した文章や表などの読解力、どんな情報が必要なのかがわかる、必要な情報を収集できる（検索語を的確にチョイスできる）=必要な情報にアクセスできる		課題に関して必要な資料が収集・分析できていない	課題に関して必要な資料の収集・分析が十分でない	課題に関して必要な情報を十分集めた、分析できている	□課題の意図を理解できていないので、どんな資料が必要なのか、どのような分析が必要なのかがわからない □資料の収集の仕方、図書館の利用の仕方などがわからない □資料の集め方が不十分だったり、偏りがあったりする（内容、資料の種類、検索方法） □集めた情報を使える形に整理していない □資料の読み方に問題がある
論理的思考力	文章全体において、主張と、主張のための根拠が、筋道を立てて書かれている		筋道をたてた主張になっていない	筋道のたて方が十分でない	筋道をたてて、主張と根拠が示されている	□アウトラインがない □アウトラインはあるが論理的でない □焦点が絞られておらず、主張があいまい □主張に対する根拠が十分でない □問いが立てられていない □問いが不適切 □問いと答えが合っていない
表現・発信力	読み手に対する分析・理解（誰に何を書かないといけないのか）発信=自分の考えを明確に（わかりやすく）伝える（口頭でも、文章でも）、読み手を意識する		読み手に伝わる文章になっていない	読み手に十分伝わる文章になっていない	読み手に伝わる文章になっている	□読み手を意識していない □課題の理解が足りない □論理的でない □考えの理解が不十分で、自分のことばになっていない □引用の仕方が間違っている、引用の仕方がわからない □背景の使い方や文法が適切でない □書いたものを読み直していない（誤字・脱字などが残っている） □剽窃についての理解が不十分

図4-8　津田塾大学ライティングセンタールーブリック改定版

ルーブリックを活用したチューターの一人は「チェックリストがついたことで、チューター側もチェックしなければならない箇所を忘れず、的確にアドバイスできるようになった」と評価した。一方で、改定版を使っても個別相談の半数以上を占める就職関連の相談や、書いたものがなく、ブレーンストーミングの段階で相談にくる学生には使いづらいという課題は残った。

2.3 ライティングセンタールーブリックの活用に向けて

ライティングセンターでルーブリックを使用する目的は、「センターを利用する学生の実情（苦手とする点）の明確化」「センターの有意義な活用方法の明示」にある。そのため、記録し、蓄積するだけでなく、そのデータから学生の状況を把握してセッションに活用し、またライティングセンターの利用案内などに活かすことが肝要である。

ライティングセンタールーブリックを学生に提示し、自学促進用として渡すためには、協力してくれる学生の確保と検証が必要である。また、チューターと学生がともにライティングセンタールーブリックをチェックするには、チューター研修やライティングセンタールーブリック共有のためのシステム構築が必要となるだろう。導入にはさまざまな準備が必要となるが、ライティングセンターを運営していく上で、利用者の状況とニーズを確認することは必要であり、ライティングセンタールーブリックによって運営戦略を立てることも可能である。

このルーブリックの開発を通じて、ライティングセンターの役割や目指すべき姿について両大学で議論を深め、各ライティングセンターの運営に還元できたことは大きな成果であり、全国の、ライティングセンターなどの学修支援（ライティング／キャリア支援）を行う施設や、レポート、論文作成を課題とする授業で広く使われることを期待する。

3. 関西大学におけるルーブリック開発支援とルーブリック・ガイドブックの開発

3.1 ルーブリックを活用した授業実践の普及に向けて

　第1節・第2節において、ライティングセンタールーブリックの開発とその検証を報告した。本節では、関西大学におけるルーブリックを活用した授業実践の普及に向けた支援を通じて、ライティングセンタールーブリックの活用の糸口を探っていきたい。

　前節で言及されている通り、ルーブリックは単なる評価ツールとしてだけでなく、多様な役割を果たしている。たとえば、ルーブリックには、学生が目標を意識し、学習活動に取り組むといった効果が明らかにされている（寺嶋・林2006）。

　一方で普及を進めていく上での課題点も多く指摘されている。松下（2016）は共通教育におけるルーブリックの開発・活用をめぐる7つの論点（「ルーブリックの評価される学習成果」、「ルーブリックの階層性と共有」、「ルーブリックの内容と開発主体」、「ルーブリックの活用」、「学生の参加」、「評価要件への対応」、「プログラム保証のための利用」）を提示している。これらの論点は共通教育に留まらず、ルーブリックの普及へ向けた課題といえる。

　ルーブリックの普及に向けた活動として、多くの大学において教職員を対象としたセミナー・ワークショップが実施されている。関西大学でも、教職員を対象としたFD/SDイベントの一環として、ルーブリックに関連するセミナー・イベントを実施しており、2014年度の「大学教育再生加速プログラム（AP）」採択を契機に、ルーブリックを活用した授業実践の普及活動を行っている。

　本節では、ルーブリックの授業実践の普及を背景とした活動として、教員へ向けたアプローチと学生へ向けたアプローチの事例を、課題も踏まえ紹介する。

3.2 ルーブリック開発支援の実施

　本節では、ルーブリックの開発支援を通じた、教員へのルーブリック普及

表 4-9　開発支援の手順

	手順
1	授業担当者より依頼を受け、センター教員がヒアリングを実施
2	センター教員が素案を提案し、授業担当者と調整
3	授業内で実際に活用し、データを収集
4	データ分析結果をもとに、改善のための打ち合わせを実施
5	改定版の作成

活動を実践と課題を含め紹介する。

　ルーブリックの活用においては、既成のルーブリックをカスタマイズしたり、また学生や教職員とともに作成する方法など、用途に応じたさまざまな方法がある。初めてルーブリックを導入する際のハードルの高さを解消するためには、組織レベルでの導入が不可欠ではあるが、個々の教員レベルでの導入にも応じる「草の根」の支援活動も求められる。

　本学におけるルーブリック開発支援は2014年度秋学期にスタートし、筆者(千葉)が本学に着任した2016年秋学期から1年間で延べ10件の支援事例がある。件数としては多くはないが、後述するように、一定の効果が見られている。

　本開発支援は**表4-9**の通り5つのプロセスを踏み実施されている。このプロセスを循環させることにより、個別科目に適したルーブリックの開発が可能となっている。

3.2　事例紹介：教職系「西洋史」授業

　本節では、科目担当者と関西大学・教育開発支援センターとの協働による個別支援の事例を紹介する。紹介するのは、教職課程2年次配当科目「西洋史」の事例である。本事例は筆者(千葉)の私的なヒアリングからスタートしている。

　本科目は社会科・地歴公民科の履修科目として開講しており、関西大学メインキャンパスである千里山キャンパスでは例年150名以上が受講する大規模授業である。本科目では最終課題としてこれまで授業でとりあげたトピックを題材とした2400字程度のレポートが課されている。

　科目担当教員は提出されるレポートについて改善していきたいと考えてい

た。授業1回分をレポートの書き方に費やしているにも関わらず、受講生から提出されてくるレポートの体裁はばらばらで、課題文を理解できていないものが多く含まれていたのである。この背景には、母数の多さによる学力差、歴史への関心の差があるのではないかと感じていた。

そこで、ライティングセンターが発行する冊子『レポートの書き方ガイド』やライティングセンターとの授業連携とともに、課題に関するルーブリックの活用を提案した。

まず、科目のシラバスや資料の提供を受け、到達目標や授業進行、受講生の傾向などを一時間程度でヒアリングを行い、レポートの構成や引用のルールに重きを置いた「テーマ設定」「データ・根拠」「引用」「参考文献」「表現・表記」の5観点のルーブリック試案を作成した。この試案をたたき台として、担当教員とともに4〜5回の改定を行い、最終的には「課題の理解」、「要点の把握」、「情報の収集」、「自分の意見」の4観点のルーブリックが完成した。構成や引用・参考文献のルールはチェックリストとして添付した（図4-9）。この最終版ルーブリックを、レポートの書き方の授業回の際に配付するプリントに添付し、通常通りレポートの書き方の話をした後で「ルーブリックとはどういうものか」を説明し、提出前の自己評価としてルーブリックを活用するよう促した。

ルーブリックを導入した結果、「昨年までと比べて形式のできてないレポートが格段に減っていてその効果に驚いた」という科目担当教員の声にも象徴されるように、効果が得られた。

担当教員はメインキャンパスのほか、他キャンパスで開講されている同一科目も担当しているが、こちらは受講生10名程度で個別へのきめ細かい対応によって以前からレポートの体裁や内容は安定していたという。このことから、「細やかなケアが困難な大規模授業への導入により効果的ではないか」と述べ、ルーブリックの有効性を実感していた。

ルーブリックの作成は労力を要するものではあるが、大学教育センター教員などが第3者の立場としてサポートすることにより、導入のハードルを下げ、次回からは担当教員自身が作成することができるようになる。組織的導

課題：アメリカ植民地がイギリスから独立することでアメリカ合衆国という国が誕生したことの意義を、主に国民主権との関わりを中心として、イギリスやフランスの市民革命と比較しながら2400字程度で述べなさい。

●当てはまる箇所に○をつけて自分のレポートをチェックしてみましょう。

評価の観点	評価の観点の説明	4	3
A 課題の理解	与えられた課題の内容を把握したうえで、求められているものをテーマとしているか	与えられた課題の内容を十分把握し、求められているものをテーマとしているか	与えられた課題の内容を把握し、求められているものをテーマとしているか
B 要点の把握	与えられた課題のポイントを把握し、テーマにもとづいて適切な字数で整理しているか	与えられた課題のポイントを正確に把握し、テーマにもとづいて適切な字数で整理している	与えられた課題のポイントを把握し、適切な字数で整理している
C 情報の収集	課題の解決に必要な資料を、信頼できるデータや先行研究※から探し出しているか	課題の解決に必要な資料を、信頼できるデータや先行研究から十分に探し出している	課題の解決に必要な資料を、信頼できるデータや先行研究から探し出している
D 自分の意見	課題の解決に必要な資料を使用したうえで、自分の意見を述べているか	課題の解決に必要な資料を使用したうえで、自分の意見をわかりやすく述べている	課題の解決に必要な資料を使用したうえで、自分の意見を述べている

※「信頼できるデータや先行研究」とは、大学・

チェックリスト【a】表現・表記
- □ 口語表現（話し言葉）を使っていない。
- □ 文体を「である調」で統一している。
- □ 一文が三行以上にわたる長文はない。
- □ 段落の書き出しは一マスあけている。
- □ 段落の長さが適切である。
- □ 誤字・脱字がない。
- □ 専門用語を正しく理解して用いている。
- □ 用語の表記を統一している。
  （例：「ヴェネツィア」と「ベネチア」）

チェックリスト【b】参考文献・引用の形式（引用・参考文献がある場合のみ確認しましょう）
- □ 引用部分には「」を用い、自己と他者の意見を区別している
- □ どこから引用したのかが分かるように著者名、出版年、引用ページを明示している。
  （例：このような事象について、開人郎は「○○○」と指摘している（開大、2016、p.10）。）
- □ 三行以上の長い引用の場合は、前後各1行づつあけ、左側を2字分下げして、引用であることを明示している。
- □ 参考文献を記載する場合は、著者名、『書名』（出版社、出版年）を明示している。
- □ テキスト・配布プリント・教科書を参考とする場合は、丸写しではなく内容を踏まえた上で自己の意見を述べる。
- □ インターネット上の資料を用いる場合は、著者、公表機関、文書名、URL、閲覧日を明示している。

メモ：

図4-9 「西洋史」レポートルーブリック（最終版）

入とともに、今後もこのようなきめ細やかなサポートを行うことにより、ルーブリックを導入するだけでなく、その効果を受講生自身にも実感してもらえるようにすることができるのである。

4．ルーブリック・ガイドブックの開発

　松下（2016）は「評価要件への対応」の論点のうち、とりわけルーブリックの普及を妨げる要因の一つとして評価の実行可能性、とりわけ評価負担の大きさの問題を指摘し、ティーチング・アシスタント（Teaching Assistant）による評価や、学生による自己評価・相互評価など、評価者を教員以外に広げることなどを例示している。山田ほか（2016）でも、評価コストや評価主体のあり方をめぐる問題に関し、学生に評価責任の一部を委譲した形でのピア・レビューの適

氏名：＿＿＿＿＿＿

2	1
与えられた課題の内容を把握しているが、求められているものを一部テーマとしている	与えられた課題の内容を把握していない
与えられた課題のポイントが一部しか把握できていない、あるいは適切な字数で整理ができていない	与えられた課題のポイントを把握していない
課題の解決に必要な資料を、信頼できるデータや先行研究から一部探し出しているが、十分ではない	課題の解決に必要な資料を探し出せていない、もしくは不特定多数が編集可能なサイトや個人のブログなど、信頼性の低い情報を集めている
課題の解決に必要な資料を使用しているが、自分の意見を述べていない	課題の解決に必要な資料を使用しておらず、自分の意見を述べていない

公的機関・新聞など公共性・信憑性の高い情報を指します。

用が提案されている。

　以上のように、ルーブリックの普及に資する方法として、被評価者である学生の評価活動への関与が望まれている。しかしながら、学生を対象としたルーブリックを用いた評価活動への支援の実践事例は限られており、十分に検討されているとはいえない。そこで、学生の評価活動への関与を促す一方策として、学生を対象としたルーブリック・ガイドブックを開発した。

4.1　ルーブリック活用調査（予備的調査）

　ガイドブックの開発の前に、まずアンケート調査の分析を通じ、学生がルーブリック活用の際に感じている課題点を検討した。ルーブリックを導入している初年次科目の受講生を対象に、紙媒体によるアンケート調査を実施した（有効回答数542件）。ルーブリックを活用して課題に取り組んだ際に感じた課題点について、自由記述で回答を求めたものをカテゴリ化したところ、「評価基準の不明瞭さ」「課題への妨げ」「他者を評価する抵抗感」などが課題として挙げられた。

　以下、学生の記述を【　】に示しながら考察する。「評価基準の不明瞭さ」では【表現が曖昧で境界線がわかり辛かったのが難点である】などの記述が該当する。この問題は当該授業・カリキュラムのなかで評価がどのように位置づ

けられているのかという観点から議論される必要があるが、ひとつの方策としては、何らかの形で学生をルーブリックの作成に関与させることがある（スティーブンス＆レビ 2014）。「課題への妨げ」では【細かく縛られすぎて、自由に書けない】【形式を意識しすぎるあまり、書きたいことにブレが生じることがあった】、「他者を評価する抵抗感」には【他人を評価するという罪悪感】という記述が該当する。これらの課題は、ルーブリックを用いる目的・意義が学生側へ十分に伝達できていないことが要因と推察され、事前説明により一定程度の解消が見込まれる。そこで、次節で紹介するルーブリック・ガイドブックの開発に着手した。

4.2　ルーブリック・ガイドブックの概要

　前節の学生対象ルーブリック活用調査結果を基に、ルーブリック・ガイドブックを開発した。目次は表 4-10 の通りである。学生の評価活動への関与を促すため、本ガイドブックではルーブリックを成績評価（総括的評価）ではなく、自己評価・相互評価（形成的評価）で用いる場合を想定している。学生の理解を促すために平易な表現を用い、構成はすでに開発に着手していた教員用ルーブリック・ガイドブックの目次にあわせた。そして巻末に体験ワークを設けている。体験ワークは「評価体験」と「作成体験」に分かれ、評価体験にはレポート課題とプレゼンテーション課題を一例ずつ掲載している。プレゼンテーション課題は、共通教養科目「スタディスキルゼミ（プレゼンテーション）」の受講生及び担当教員の協力のもと動画教材を開発し、ウェブ上にアップロードの上、

表 4-10　ルーブリック・ガイドブック目次

1	ルーブリックってなに？？
2	ルーブリックの仕組みと使い方
3	ルーブリック活用のタイミング
4	ルーブリックの評価方法
5	ルーブリックの種類
6	ルーブリックを使うメリット
7	ルーブリックの作り方
8	Let's Try! ルーブリック体験

QRコードから閲覧可能にした。

　評価体験ワークの手順は、1) まず個人で課題に対する評価を行った後、2) ペアで互いの評価結果を共有する流れとした。このワークを通じ、ルーブリックを用いた自己評価・相互評価のプロセスと効果を、学生・教員双方が経験し理解することを期待した。また、作成体験ワークでは、3段階のルーブリックを4人程度のグループで作成することを想定し、スティーブンス＆レビ (2014) が考案した「ポスト・イットモデル」を作成方法例として採用している。このワークを通じて、学生に対しては学習目標・学習評価への理解が促され、教員へは評価負担・説明負担の解消や授業改善への糸口となることを期待した。

4.3　ガイドブックの試行的実施

　ガイドブックの実用性を検討するため、2年次配当科目「教育方法・技術論」の1クラス（受講生80名）を対象に、ガイドブックの試行的実施を行った。授業内において、担当教員がガイドブックを用いルーブリックに関するレクチャーを行った後、レポートおよびプレゼンテーション課題の評価体験ワークを実施した。実施後、受講生へガイドブックに関する質問紙調査を行い、実用性と改善点を検討した。質問項目（4件法・自由記述）は計21問であったが、本研究に関連する項目を分析に用いた。

　「ガイドブックを通じてルーブリックの理解が深まったか」を尋ねたところ、「そう思う (21.8%)」「ややそう思う (70.5%)」と、概ね高い評価を得、ガイドブックの有効性が確認された。一方で、「ルーブリックを活用しようと思うか」という問いへは、「そう思う (16.5%)」「ややそう思う (50.6%)」が7割近くを占めたものの、消極的な回答も挙げられた。その理由として、「活用する機会がない」「評価基準が難しい」という意見が寄せられた。また、ガイドブックの内容に関しては、「より具体的な説明・例示が欲しい」「デメリットの提示が欲しい」という意見があった。特にルーブリックの作成方法に関してより詳細な記述を求める声が寄せられた。今後も継続的に試行実施を行い、ガイドブックの改善と評価を実施していく必要がある。

5. まとめ

　本章では、ライティングセンターによるルーブリック開発を通じたライティング支援のあり方を検討し、そしてその支援を展開し得る環境づくりとしてのルーブリックの普及活動について取り上げた。

　ライティングセンターが目指すものは、「特定の学部・クラスを越え、ライティング力を客観的に測れるルーブリック」の開発であり、このルーブリックを開発することで、センターを利用する学生のライティングプロセスを明確化し、より実情を把握した上での細やかなアドバイスが可能となる。

　しかし、上述のようなライティングルーブリックを有効に活用するためには、ルーブリックそのものの普及推進を図る必要がある。そのためには、全組織的、つまりトップダウンでのルーブリックの導入はもとより、本章で取り上げたような活用方法の個別支援といったボトムアップの両側面からのアプローチが不可欠である。これらを組み合わせた評価システムを構築することにより、ライティングセンターを核とした専門性をこえたライティング支援を展開することが可能となるだろう。

　関西大学・津田塾大学によるルーブリックの運用は開始したばかりである。今後はルーブリックを大学の文脈に落とし込み、より実体を伴ったルーブリックの活用を促進していく必要がある。

注

　　　本章で扱うルーブリック開発は、本取組事業の5本柱である、①ライティングセンターを中心とした支援体制の再構築、②eポートフォリオシステムの開発、③評価指標の確立、④カリキュラムとの連動、⑤社会との連携、のうち、主に③を中心とした活動である。なお、関西大学におけるGP中の発表論文および公開ルーブリックは、関西大学ライティングラボHP「ラボの成果の発信」(http://www.kansai-u.ac.jp/ctl/labo/outcome/index.html) にて公開中である。

参考文献

　2012年度採択文部科学省大学間連携共同教育推進事業 (GP)「〈考え、表現し、発信する力〉を培うライティング／キャリア支援」、http://www.kansai-u.ac.jp/renkeigp/index.html、2013年。

　2012年度採択文部科学省大学間連携共同教育推進事業 (GP)『〈考え、表現し、発信する力〉

を培うライティング／キャリア支援 2014 年度報告書』、2015 年、pp.96-97。
池田史子・畔津忠博「複数教員によるレポート評価のためのルーブリック形式の評価表導入に関する検証」『日本教育工学会論文誌』第 36 号、pp.153-156。
小林至道・杉谷祐美子 (2012)「ワークシートの利用に着目した論文発展プロセスの分析」『大学教育学会誌』34 (1)、pp.96-104。
高浦勝義 (2004)『絶対評価とルーブリックの理論と実践』黎明書房。
田中耕治 (2003)『教育評価の未来を拓く―目標に準拠した評価の現状・課題・展望―』ミネルヴァ書房。
中央教育審議会 (2012)「新たな未来を築くための大学教育の質的転換に向けて (答申)」。
寺嶋浩介・林朋美 (2006)「ルーブリック構築により自己評価を促す問題解決学習の開発」『京都大学高等教育研究』第 12 号、pp.63-71。
遠海友紀・岸磨貴子・久保田賢一 (2012)「初年次教育における自律的な学習を促すルーブリックの活用」、『日本教育工学会論文誌』第 36 号、pp.209-212。
中澤務・森貴史・本村康哲 (2007)『知のナヴィゲーター』くろしお出版。
林透・星野晋 (2015)「ルーブリック開発に関する実践的研究 : 初年次教育科目『山口と世界』を中心に」『大学教育』第 12 号、pp.10-21。
松下佳代 (2007)『パフォーマンス評価―子どもの思考と表現を評価する』日本標準。
松下佳代 (2014)「学習成果としての能力とその評価―ルーブリックを用いた評価の可能性と課題―」『名古屋大学高等教育研究』第 14 号、pp.235-255。
松下佳代 (2016)「共通教育における学習成果の直接評価―成果と課題―」『大学教育学会誌』38 (1)、pp.29-34。
毛利美穂・中尾瑞樹 (2011)『ベーシック日本語表現―日本語表現を見直すことでレポート・小論文は書ける !』万葉書房。
山田嘉徳・毛利美穂・森朋子・岩﨑千晶・田中俊也 (2016)「学びに活用するルーブリックの評価に関する方法論の検討」『関西大学高等教育研究』第 6 号、pp.21-30。
Dannelle D. Stevens, Antonia Levi, 2005, Introduction to Rubrics: An Assessment Tool to Save Grading Time, Convey Effective Feedback, and Promote Student Learning, Stylus Publishin.=2014, 佐藤浩章監訳『大学教員のためのルーブリック評価入門』、玉川大学出版部。

付　記

　　本章第 1・2 節は、2012 年度採択文部科学省大学間連携共同教育推進事業「〈考え、表現し、発信する力〉を培うライティング／キャリア支援」の 2014 年度から 2016 年度報告書を元に、大幅に加筆修正したものである。筆者 (毛利) と共に、ルーブリック開発を行った当該事業の特任教員である、青山学院大学の小林至道先生、神戸学院大学の西浦真喜子先生、津田塾大学の大原悦子先生、津田塾大学の飯野朋美先生に感謝する。
　　また、第 3・4 節は千葉美保子 (2018)「高等教育におけるルーブリック普及へ向けたアプローチの検討―大学教育センターにおける普及活動の一事例を通じて―」『関西大学高等教育研究』第 9 号の一部を再構成し、加筆修正したものである。執筆にあたり、協力いただいた関西大学教育推進部の岩﨑千晶先生、関西大学非常勤講師の大谷祥一先生に心より御礼申し上げる。

第5章

eポートフォリオを活用する

本村康哲、稲葉利江子、毛利美穂

　ライティング支援には、ライティングセンターによる組織的な支援だけでなく、正課授業や課外活動等で学生が体験するライティング活動の個別支援がある。ライティング包括支援システム「TEC-system」は、これらの支援を総合的かつ効果的に行うために、ライティング支援施設の運営業務を管理する「TEC-book」、そして、学生の個別支援を目的としたeポートフォリオシステム「TEC-folio」の2つのサブシステムから構成されている。以下、TEC-systemの設計・開発経緯から、実際の導入・運用の様子を紹介する。

1．eポートフォリオ

　ポートフォリオとは、アーティストがプレゼンのための作品を収納する「紙挟み」「折りかばん」、あるいは、金融機関や投資家が所有している有価証券の一覧表といった概念でとらえられることが一般的である。他方、教育分野においては、初等教育でポートフォリオの利用が進んでおり、児童・生徒が作文・作画した作品を集めて紙挟みに格納し、学修内容を振り返るための教具の一つである。中でもeポートフォリオは、コンピュータシステムに蓄積した学修成果ファイル等を取りまとめて振り返りを行い、学修に関わるステイクホルダ（教師、学修者、学校組織など）のパフォーマンス向上を目的として、ICT利用教育の一環に位置付けられた"しかけ"としてとらえられている。

　ところで、組織におけるコンピュータシステムの導入に際しては、「実際に使用するユーザ」と「予算・導入権限を持つ管理者・運営者」が異なることが多く、ユーザが関与しないシステム開発・運用事例は大学で少なくない。また、

eポートフォリオシステムのような大規模製品は内製化が困難であることから、既存の市販システムをアリバイ工作的に導入するだけにとどまることも多いだろう。このようなシステム導入は、ユーザニーズを , 満たす可能性が著しく低いため、多くの予算をつぎ込んだ割にはほとんど利用されずに寿命を迎えてしまう。これは日本全国の教育組織において頻繁に起こっていることであり、eポートフォリオシステムについても例外ではない。教育用システムは、導入するだけで効果を発揮する家電製品のように、単純タスクを置き換えるものではない。学修と教育を支援する営みは複雑であり、詳細なタスク分析と運用設計とともに、導入後に組織に合わせた継続的な改善が必要となる。

このため、われわれがeポートフォリオを開発・導入するにあたっては、コンピュータシステムが実質的に機能するよう設計・開発・導入・運用において次のことに留意した。まず、1) 人間中心設計を計画し、2) 設計・開発組織作りを行うとともに、3) ライティング実態調査→分析→プロトタイプ設計→レビュー→改善といった一連の開発プロセスに学生・教員・ライティングセンター運営者・事務局・開発協力企業が参画して協働することで、ユーザにとって使用可能性（ユーザビリティ）が高いシステムの開発を目指した。その結果、ライティングセンターの効率的運営を支援するTEC-book、そして、ポートフォリオ形成とルーブリック評価による質保証を支援するTEC-folioを構築して運用した。これら2つのシステムを統合したTEC-systemは、ライティングセンターにとどまらず、大学内での対面相談センター支援にも応用できるだろう。このシステムはオープンソースソフトウェアとしてGitHub[1]に公開しているので、システムの導入運用スキルを持つ組織であれば、BSD2条項ライセンスのもとに自由にダウンロードして導入運用が可能である (https://github.com/tec-admin/tecsystem)。

次節よりTEC-systemの概要と実運用について述べる。

2．ライティング包括支援システム"TEC-system"

　TEC-system は、学生のライティング／キャリア支援に特化した新たなウェブシステムの総称である。同システムは、ライティングセンターやラーニング・コモンズ等の組織的なライティング支援施設の運営を支える「TEC-book」と、授業科目をはじめ、サークルや就職活動等の課外活動、大学図書館やキャリアセンター等の学内施設における個々の学生の学修活動を支援する e ポートフォリオ機能を備えた「TEC-folio」で構成される。

　TEC-book は、関西大学と津田塾大学のライティングセンターを運用モデルに開発されたシステムである。ライティングセンター等での支援は、支援を行うための場所とチューターを確保するだけでは、そのサービスを十全に遂行することができない。ライティングセンターの運営を円滑にし、かつ利用者規模の拡大、支援場所の拡張などのニーズに柔軟に対応していくためには、学生からの相談予約、チューターのシフト登録、指導履歴の蓄積、運営に必要な情報の管理等を、システム化することが必要不可欠である。

　TEC-folio は、大学生活における学生のさまざまな学びのシーンを、「課題」の管理、学修コンテンツの「ファイル置場」への蓄積、「ポートフォリオ」における学修の振り返り、「ルーブリック」による評価、のサイクルでサポートする e ポートフォリオシステムである。同システムは、対面の授業場面ではもちろんのこと、課外活動、インターンシップ、教育実習などの場面で、学生と指導者（メンターとしての教員・職員など）とのコミュニケーションの活性化をはかりつつ、自ら考え (Think)、表現し (Express)、発信する (Convey) という主体的能力を備えた学生の育成に寄与することを目的とする。

　TEC-book と TEC-folio を包含する TEC-system は、単なる e ポートフォリオシステムではなく、1) ライティングセンターを中心とした支援体制、2) 評価指標の確立、3) カリキュラムとの連動、4) 社会との連動、これらを支援する機能を統合した「ライティング包括支援システム」である。1) に相当するライティングセンター支援機能を持つシステムを「TEC-book」、2) － 4) に相当する機能を含む e ポートフォリオシステムを「TEC-folio」とし、これらを合わせ

たコンピュータシステムの名称を「TEC-system」と称する。TEC-book と TEC-folio は個別のシステムとして導入することも可能である。

このシステムの設計思想の根幹をなす人間中心設計では、システムの利用を見込むユーザの実態を知り、その潜在的ニーズを把握してプロトタイプ設計を行い、その設計に対して繰り返し改善を図ることが求められている。

そこで、まず、2012 年度に学生のレポート作成過程の実態を探るために業務委託によるライティング実態調査(行動観察調査)を実施した。この調査は、関西大学の人文系、社会系、理工系から計 12 名の学生について、レポートと卒業研究の作成プロセスについて調査を行ったものである。また、同様に関西大学の 6 名の専任教員からはレポートと卒業論文および卒業研究指導について、さらに 5 つのステイクホルダに対し大学に対する要望についてインタビュー調査を行った。

2013 年度は両大学のライティングセンター教員、情報系教員、学生、技術系職員、開発協力企業技術者がメンバーとなる開発コアチームが発足し、今日に至るまでこのメンバーが中心となって開発を進めることになる。コアチームでは、調査から得られたテキストデータを精査し、ペルソナ／シナリオ法による分析作業を行い、学生・教員・ステイクホルダの要求事項と機能仕様についての共有が行われた。つづいて、画面プロトタイプ(モックアップ)設計が行われ、コアチームでヒューリスティック評価とユーザ評価を繰り返した。これらの結果にもとづいてライティングセンター支援機能「TEC-book(当時 TECfolioV1 と呼称)」の実装が行われた。

2014 年度は、TEC-book の試験運用とともに、学生の学修活動支援機能「TEC-folio(当時 TECfolioV2 と呼称)」の設計を行った。行動観察調査から得られた 21 個のインサイト(要求事項に関する洞察)にもとづいて仕様策定を行い、学修活動カテゴリ、および、各カテゴリにおけるコミュニティ、ファイル置場、ポートフォリオ、ショーケース、ルーブリック等の機能について画面プロトタイプを作成しながら詳細を決定していった。この間、画面プロトタイプをヒューリスティック評価しながら、プロトタイプ改修作業を繰り返した。

2015 年度は、TEC-book の本運用と並行し、前年度作成した画面プロトタイ

プに基づいて TEC-folio の実装を行った。また、国際化および地域化、そしてオープンソースソフトウェア化のための改修に着手した。さらに、5月より他組織への広報活動を開始した。学会、研究会等でデモンストレーションを行い、関心をいただいた関係者のもとへ直接訪問あるいは関西大学に来訪していただいて説明と意見交換を行った。

　2016 年度は、TEC-folio の国際化および地域化、オープンソースソフトウェア化を完了し、関西大学における試験運用と本運用を行いながら、機能追加と改修を行っている。

3．TEC-book とは

　TEC-book は、関西大学と津田塾大学の運用をモデルに、「ライティングセンター運営に必須な機能を統合したシステム」である。たとえば、学生によるライティングセンターでの相談予約・相談履歴の蓄積、指導スタッフによるシフトの登録・指導履歴の蓄積、運営管理者による相談体制の管理、全指導履歴および利用統計による利用状況の把握などを行うことができる。

3.1　ログイン画面

（1）ログイン画面

ID とパスワードを入力し、ログインする（図 5-1）。

図 5-1　ログイン

(2)「ラボ / センター」トップ画面

「ラボ / センター」の予約・相談に関する新着情報、管理者からのお知らせ(画面左側)、時間割などの個人スケジュール(画面右側)が表示される(図 5-2)。画面左上部の「ラボ / センター」をクリックすると、相談予約画面へ遷移する。

図 5-2　ラボ / センタートップ

(3) 相談予約の画面

画面中央の上部から順に、「選んでください」の画面指示に沿って選択していく(図 5-3、図 5-4、図 5-5)と、ラボ / センターの相談予約がとれる。なお、ここで入力した相談内容および添付ファイルは、学生が後にポートフォリオを形成するための学修成果物の一つとして蓄積される仕組みになっている。

図 5-3　相談予約の入力(ラボ / センター遷移直後)

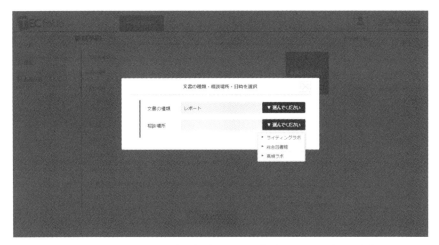

図 5-4　相談予約の入力（文書の種類・相談場所・日時を選択）

図 5-5　相談予約の入力（文書の種類・相談場所・日時を選択）

3.2　指導スタッフの利用シーン

(1) シフト入力

　セルを押下することで、担当可能なシフトを指定することができる（図 5-6）。

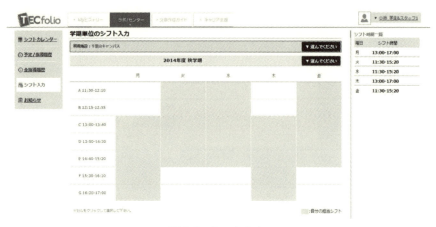

図 5-6　シフト入力

(2) シフトカレンダー

事前に入力したシフトが色づけて反映されている。担当シフト上の人型マークは学生の予約を表している (図5-7)。人型マークを押下すると図5-8 に遷移する。

図 5-7　シフトカレンダー

第5章　eポートフォリオを活用する　129

(3) 相談予定

相談予約した際の学生の書き込み内容を一覧できる(図5-8)。画面右下部の「担当する」ボタンを押下することで、この学生の担当者となる。

図5-8　相談予定

(4) 指導内容

学生相談を終えた後、指導内容を履歴として残すことができる(図5-9)。また、相談を受けた学生に対して、アフターフォローのコメントを送ることができる。

図5-9　指導内容

(5) 全指導履歴

指導内容の履歴（図 5-9 を参照）は、全スタッフ（運営管理者含む）で共有することができ、いわゆるティーチングポートフォリオとしての機能を有する。図 5-10 は、その全履歴を、年月日、学生氏名、スタッフ名などの項目で検索するための画面である。

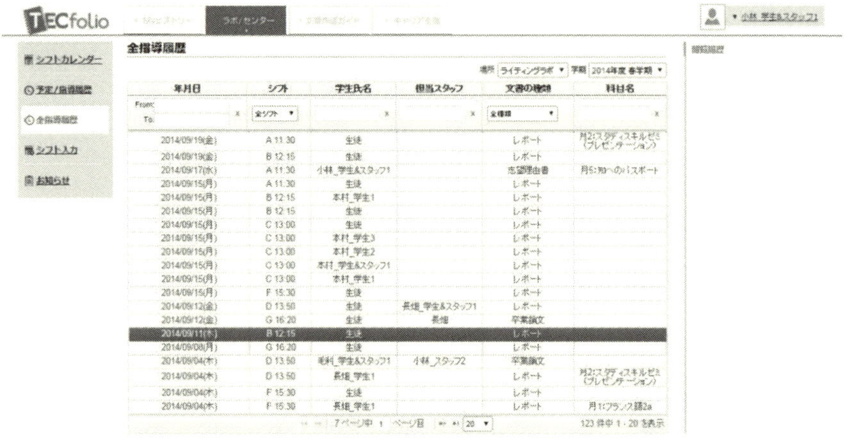

図 5-10　全指導履歴

3.3　運営管理者の利用シーン

(1) 予約状況

場所およびシフト枠ごとに、予約した学生とスタッフとの対応状況が一覧できる（図 5-11）。

第5章　eポートフォリオを活用する　131

図 5-11　予約状況

(2) 勤務 / 業務管理

場所、シフト枠ごとに、スタッフの数、相談受入数、相談予約数を一覧できる (図 5-12)。鉛筆アイコンを押下すると、セルごとに相談受入数の微調整を行うことができる。

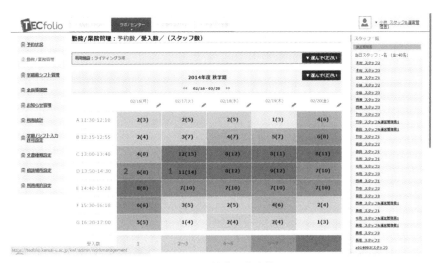

図 5-12　勤務 / 業務管理

(3) お知らせ管理

システム利用者の学生、スタッフに向けて、運営上のお知らせを送ることができる(**図 5-13**)。ここで入力した情報は、学生やスタッフが閲覧する「ラボ/センター」トップ画面の左下部「管理者からのお知らせ」、および画面右側のカレンダー内に「イベント」として反映される(図 5-2 を参照)。

図 5-13　お知らせ管理

(3) 利用統計

相談利用統計については、**図 5-14** のとおり、一覧することができる。相談場所ごとに切り替えが可能で、曜日、シフト枠単位で利用者総数や稼働率などが表示される。

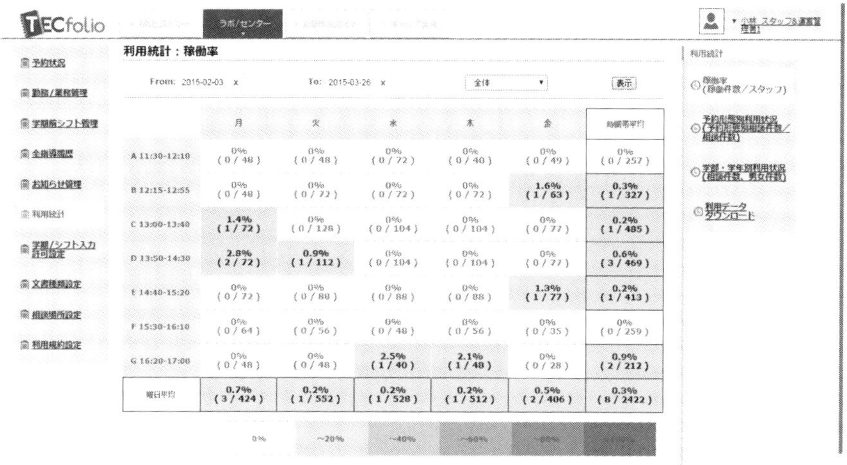

図 5-14　利用統計

　TEC-book では、学生がライティングセンターの相談予約をする際、相談時に見てほしい文書ファイルを添付することが可能である。しかしながら、このファイルを添付する項目は予約時に学生が行う必須の項目ではないこともあり、事前にシステムをとおしてファイル添付を行わず、ライティングセンターに文書を持参する学生が、ライティングセンター全体の利用者が増えるにつれて目立つようになった。

　これまで学生が持参した文書は、学生の許可を得たうえでコピーを取り、紙媒体でファイリングして保存するという対応をしてきた。しかし、たとえば関西大学のような大規模大学において複数箇所でライティング支援を行う場合、スタッフ間の情報共有という点で不都合が生じ、支援に支障をきたすおそれがある。というのも、もし同一の学生が前回とは別の場所にリピーターとして相談に訪れた場合、紙媒体のみの資料保存では、その学生が前回どのような文書を持参し指導スタッフからどのような支援を受けたのか確認のしようがないため、指導スタッフが前回からの経緯を再確認する時間を割かなくてはならなくなるからである。これでは、ライティングセンターとしての支援の効率性や一貫性という意味で、ロスが大きいと言わざるを得ない。

　こうした利用実態を踏まえたシステムの追加開発を機に、学生が持参した

文書は、指導スタッフがPDF化し、添付ファイルとしてシステム上にアップロードできる仕様に改修した。このことによって、学生の相談文書がシステム上で共有されることになり、支援の効率性や一貫性の改善が期待される。

　また、TEC-bookは関西大学や津田塾大学だけではなく、他大学におけるライティング支援においても活用されることを想定している。ライティングの支援方針や方法はさまざまであり、なかには、支援者が添削（赤入れやコメントの付与）を行ったうえで学生にフィードバックすることが、ライティング支援には欠かせないというケースもあるだろう。たとえば、支援者がワープロソフトウェアに備わっているコメント機能や色付け、線引き等を用いて添削した文書をPDF化したうえで学生にフィードバックする、という利用も、この2015年度に行ったシステム改修によって可能となった。

4．TEC-bookの運用

4.1　関西大学

　関西大学ライティングセンター（以下ラボ）では、2015年4月の本運用以降、実際の利用者である学生、指導スタッフ、運営管理者のヒアリングを通して、システムのユーザビリティを検証し、不備が見つかった場合は、開発業者による改修を行う体制を敷いた。2016年1月末までに、インターフェイスのデザインや画面遷移にかかわる動作不良などの小さな不備に伴う改修が数点あったものの、ラボの運営に影響をもたらすような大きな不備は見つかっていない。次で述べる利用件数の顕著な増加と合わせて、順調に運用されているということができる。

　従来の2箇所（千里山キャンパス「第1学舎1号館」と高槻キャンパス「C棟学生サービスステーション内」）に、千里山キャンパス「総合図書館ラーニング・コモンズ内」を加えた計3箇所での運営体制に合わせて、2015年4月からTEC-bookの本運用を開始した。表5–1と表5–2に示すとおり、TEC-book導入に伴うラボへのアクセシビリティの向上から、2015度のラボ利用件数（2015年4月20日から2016年1月29日まで）は、前年度と比べて約1.5倍強と、着実に増加している。

表 5-1　2015 年度「春学期」のラボ利用件数および開室日数（前年度との比較）

キャンパス	2015 年度 春学期		前年度 春学期	
	利用件数	開室日数	利用件数	開室日数
千里山	775	71	561	71
高槻	40	57	設置前のために利用実績なし	
合計	815		561	

表 5-2　2015 年度「秋学期」のラボ利用件数および開室日数（前年度との比較）

キャンパス	2015 年度 秋学期		前年度 秋学期	
	利用件数	開室日数	利用件数	開室日数
千里山	453	65	250	78
高槻	74	61	43	57
合計	527		293	

4.2　津田塾大学

　津田塾大学では 2015 年 12 月から TEC-book の本運用を開始した。

　2016 年 1 月の個別相談は 63 件と、昨年同月の件数(42) を大幅に上回った。新しいシステムに変わったことに関する周知が、そのままライティングセンターの周知にもつながったのかもしれないが、個別相談を利用した学生へのヒアリングでは、多くの学生が「予約方法がわかりやすく、予約しやすかった」と答えている。

　相談予約の直前キャンセルは、多い時期には全体の 30% を超えることもあり、ライティングセンター運営上の悩みの種であった。しかし、TEC-book 導入後、1 月のキャンセルは 11 件 (2016 年 1 月の予約総数の約 15%) で、体調を崩したり、インターンシップの予定などが入ったりする 1 月のこの時期にしては、少ない数値といえる。

また、従来のシステムでは、連絡なしに相談に現れない無断キャンセルの学生が必ず数名おり問題となっていたが、新システムになってからはそれが全くなくなった。相談の予約だけでなくキャンセルの連絡もしやすくなったこと、また後述するように、新システムでは事前に相談内容を学生が文章化して申し込むため、「とりあえず予約だけ入れておこう」という軽い態度での予約が減ったためと思われる。

　津田塾大学ライティングセンターでは「アカデミック」「就職関連」「英語」という種別によって、担当する教員・チューターが変わってくる。留学やコースの志望理由書は「アカデミック」に入るのかどうか、選択に悩む学生がいたが、新システムではプルダウンメニューで選べるようになり、混乱や間違いが減った。

　前述したとおり、新システムでは予約の段階で学生が文章の「提出日」「進行状況」「授業科目」などをチェックし、「相談したいこと」も具体的に入力することになった。このため、何に困っているのか、何を相談したいのか、事前に文章化することで、自分のなかで課題を明確に意識して来室する学生が増えたと実感する。また、相談したい内容がより具体的に書かれていることで、対応するチューターの心理的な余裕にもつながっている。

5．TEC-folio とは

　学修者が学修成果物を収集し、到達目標に基づいて自己評価を実施するとともに他者（メンター）からの評価をも得、これらの活動を通して振り返りと改善を促すeポートフォリオシステムである。TEC-folio が既存のeポートフォリオシステムと異なる特徴は多々あるが、最大の特徴は、ルーブリックによる自己評価と他者評価をメンターとのコミュニケーションを通して容易に行えることにある。**表5-3**に TEC-folio の主要機能、**図5-15**に実装画面の一部を示す。

表5-3　TEC-folioの主要機能

機能名称	概　要
My スペース （左枠）	自由にテーマ設定できる「My テーマ」、授業科目との連携「授業科目」等
課題	授業科目と連携した課題管理機能
ファイル置場	活動記録で生成されたコンテンツ（ファイル、文献情報）を蓄積・整理
ポートフォリオ	「ファイル置場」に蓄積されているコンテンツを引用しながら、自己評価とともにメンターとのコミュニケーションやメンターによる評価を添えて振り返りを促す
ルーブリック	ルーブリックを閲覧・作成（インポートとエクスポート）
個人設定	ユーザプロフィールの設定

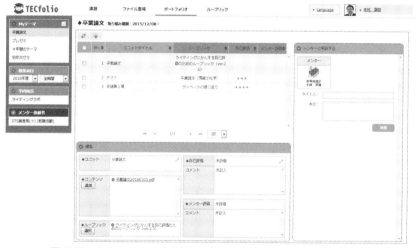

図5-15　TEC-folioの実装画面（教員のポートフォリオ作成画面）

5.1　My スペース

　ポートフォリオのテーマを設定する機能である。学修者が自由にテーマを設定できる「My テーマ」、履修している科目がテーマとして設定される「授業科目」、ライティングセンターなどの学内施設との連携を踏まえた活動テーマ「学内施設」、メンターとなって他の学修者（メンター依頼者）の評価と助言を行

う「メンター依頼者」がある。Myスペースで設定したテーマごとに、以下述べる「ファイル置場」「ポートフォリオ」「ルーブリック」の機能が利用できる。

① 「Myテーマ」：任意のテーマの作成・名称編集・削除・隠ぺいを行うことができる。学士課程全体を通したテーマでポートフォリオを作成し、年度・セメスターごとに振り返りを行うことによって、主体的な学びの態度を喚起し、学修活動の活性化を狙っている。

② 「授業科目」：TEC-folioと学事データベースとを連携させ、学生ユーザの場合は履修科目、教員ユーザの場合は担当科目がセメスターごとに表示される。授業カリキュラムとの密接な連携を図り、科目単位でポートフォリオの作成が可能となっている。

③ 「学内施設」：TEC-book（対面相談支援システム）を利用するライティングセンター、キャリアセンターなどの学生支援施設での活動と連携し、施設ごとのポートフォリオの作成が可能である。

④ 「メンター依頼者」：各テーマのポートフォリオにおいて、他のユーザからメンター依頼を承諾した場合、ここに依頼者の名前がテーマとともに表示される。メンターは、教員以外に学生、事務職員、学外協力者などの幅広いユーザを設定することが可能である。これによって、教員の直接指導にとどまらず、学生同士のピア活動、学内外のステイクホルダとの交流を通して、幅広いコミュニケーションのもとに〈考え、表現し、発信する〉主体的な学びを進めることが可能である。

5.2 ファイル管理

学修者が自由にコンテンツ（ファイル、文献情報）を保存しておくことができる機能である。Amazon.comとCiNiiのAPIを利用することにより、簡便な文献情報の管理を実現している。

① 「Myテーマ」：ユーザが任意のコンテンツを配置することができる（図5-16）。コンテンツは後述のポートフォリオから引用される。

② 「授業科目」：履修者と教員間でファイル共有の機能を有し、教員・学生間での文献情報の共有や、資料・課題配布が行える（図5-17）。また、

第5章　eポートフォリオを活用する　139

図 5-16　「My テーマ」のファイル置場

図 5-17　「授業科目」のファイル置場

教員と履修者間でチャット形式のコミュニケーションができる機能「メンバーと相談する」が右枠に配置される。
③「学内施設」：学生ユーザが TEC-book で予約時に添付したファイルは、TEC-book の相談履歴以外に、TEC-folio のこのテーマにも蓄積される。

ライティングやキャリアを軸としたポートフォリオの形成を支援することになる。

5.3 ポートフォリオ

前述の「ファイル置場」のコンテンツを取捨選択し、ルーブリックに基づく自己評価および他者評価を行うことによって、学修者が振り返りを実施する機能である（図5-18）。

中央枠上部には、コンテンツのタイトルが一覧できる。タイトルを押下すると、中央枠下部に編集画面が現れ、タイトルの内容を編集できる。ここでは、後述のルーブリック機能から引用されたルーブリックを用いて、学修成果物に対する評価を行う。なお、他者評価はメンターによって実施される。

また、右枠で学修者はメンターを招へいして指導を受ける機能を備える。メンターは教員以外に事務職員、学生、学外協力者を招へいすることが可能であり、学内の局所的な学修環境だけでなく、広範なステイクホルダを巻き

図 5-18　ポートフォリオの作成

込みながら学修を進めることが可能となっている。また、右枠では、学修者とメンターとの間で、チャット形式でコミュニケーションできる機能「メンターと相談する」を有する。学生はメンターから指導を受けるだけでなく、学生自身がメンターとなって他学生を指導するピア活動も可能である。

5.4 ルーブリック

評価指標であるルーブリックをオンライン上で管理する機能である（図5-19、図5-20）。TEC-folio のルーブリックファイルは Excel で作成し（図5-21）、インポートした後に、ポートフォリオで使用する。また、ルーブリックファイルをエクスポートして、他の学修者・指導者間で共有することが可能である。ルーブリックの初期画面にはサンプルルーブリックが用意され、ユーザはこれをもとに新たなルーブリックファイルを作成して利用することができる。

この他、ルーブリックに原著者・改変者、ライセンス条件などの属性情報を保持し、著作権管理のもとにルーブリックを共有する機能を有している。これにより組織内でのルーブリック評価の普及を狙っている。

図5-19　ルーブリックの一覧

図5-20 ルーブリックの一表示

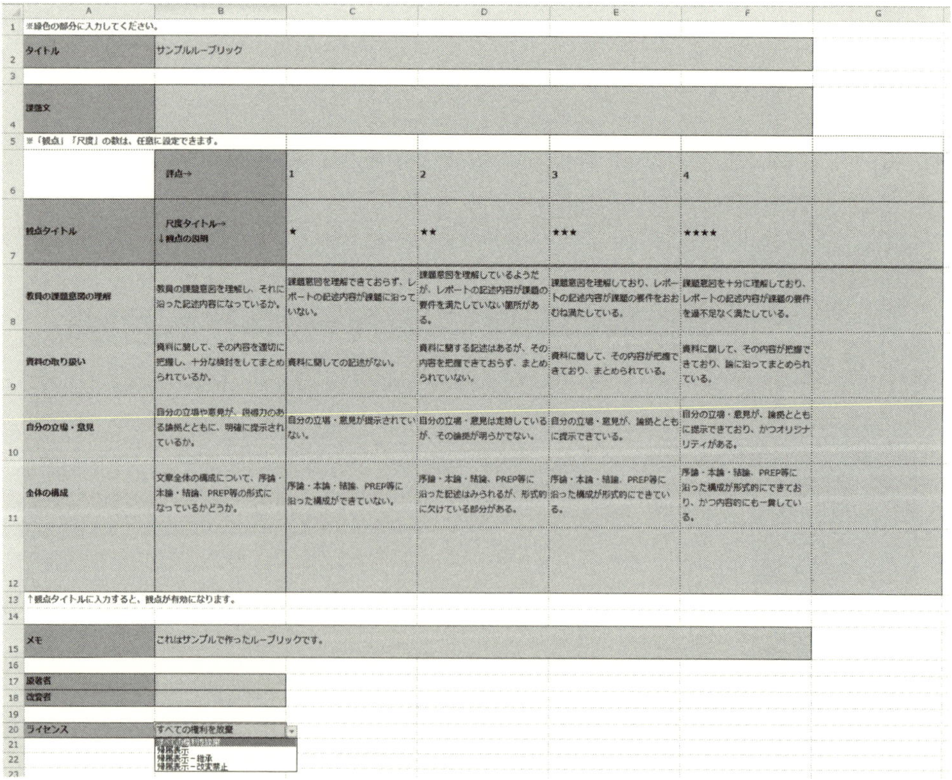

図5-21 Excelによるルーブリックファイルの編集

6．TEC-folio の運用
6.1 授業での利用

ここでは、試験運用の一つとして、関西大学における授業科目「文章力をみがく」の例を示す。この授業では、担当教員が学生にレポート課題を段階的に与え、その都度、TEC-folio でルーブリックに基づく振り返り（自己評価・他者評価およびコメント）を繰り返す実践を行った。以下に示すのは、学生が各自TEC-folio の「ファイル置場」にレポートを提出後、「ポートフォリオ」で振り返りをする様子である。

①教員はレポート課題を出題（プリントで指示）
②学生は作成したレポートを TEC-folio の「ファイル置場」にアップロード
③教員は提出状況を「ファイル置場」の一覧でチェック（**図 5-22**）
　学生は各自の「ポートフォリオ」でレポートを引用してポートフォリオを作成（**図 5-23**）し、「ポートフォリオ」でルーブリックを使った自己評価と振り返りコメントを記入（**図 5-24**）
④自己評価に対し、メンターがルーブリックを使った他者評価とコメントを記入（図 5-10）
⑤ルーブリックは、教員が予め作成して用意しておく（**図 5-26**）

図 5-22 「ファイル置場」では、学生がアップロードしたレポートを一覧

図 5-23 「ポートフォリオ」機能では、ファイル置場のファイルを引用してポートフォリオを作成

図 5-24 学生はルーブリックで自己評価しコメントを記入

第5章 eポートフォリオを活用する 145

図 5-25 メンターがルーブリックで他者評価とコメントを記入

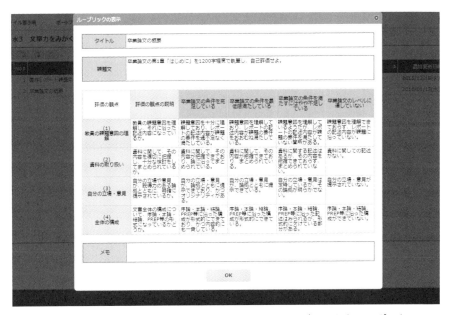

図 5-26 「ルーブリック」機能では Excel で作成したルーブリックをインポート・エクスポートできる

6.2 運用事例

TEC-folio の本運用の一つとして、関西大学の授業科目「文章力をみがく」(2016年度、後期開講) の例を示す。この授業では、レポートを書くプロセスを段階的かつ体験的に学びながら、最終的には 2000 字程度の論証型レポートを書きあげることを目標とした。受講生は 12 名で、その内訳は 1 年生 10 名、2 年生 1 名、4 年生 1 名であった。全 15 回の授業をパソコン備え付けの教室で行い、**表 5-4** のとおり、毎回の授業で TEC-folio を活用した。なお、同授業開講時の TEC-folio は、先述した新規追加および部分改修の機能を備えたものであった。以下、TEC-folio の機能である「課題」「ファイル置場」「ポートフォリオ」「ルーブリック」の順に沿って、その具体的な活用例について述べる。

(1) 「課題」の設定と回収

「課題」では、教員が学生に対して課題を設定し、学生はその課題をこなしたうえで、ファイルを提出する (前掲、図 5-16 を参照) という一連の流れを行うことができる。学生がこの「課題」で提出したファイルは、自動的に「ファイル置場」に蓄積し、後に「ポートフォリオ」で利用される仕様になっている。

「文章力をみがく」では、学生が最終的なレポートを書く際に活かせる素材 (学修成果物・文献資料等のエビデンス) を、紙媒体ではなく電子データとして毎回の授業で蓄積させ、ポートフォリオを構成するコンテンツとして利用した。具体的には、授業内で課した個人ワークシート・グループワークシート、授業内容の振り返りシート、段階的に書かせたレポート課題 (次週までの宿題としたケースもあった) など、計 28 の課題をこの「課題」機能をとおして提出させた。結果的に、提出率は 88.1 % (296/336) であった。未提出 (11.9 %) 理由のほとんどは授業そのものに欠席のためであったが、なかには、後述する「ファイル置場」で共有された授業回ごとのテキストや配布物を確認し、自分が欠席した授業で課されたワークや宿題を、授業の後日、この「課題」機能をとおして提出する学生が少なからず見られた。

表 5-4　授業科目 2016 年度「文章力をみがく」における TEC-folio の利用

授業回 (実施日)	授業の主題	利用した機能	学生に課した提出物および次週までの宿題
第1回 (9月21日)	オリエンテーション	課題・ファイル置場	自己紹介文、初発の問題関心について
第2回 (9月28日)	レポート事始め	課題・ファイル置場	初発の問題関心にもとづく意見文（200字程度）、授業の振り返りシート
第3回 (10月5日)	批判的読み①	課題・ファイル置場	ワークシート、授業の振り返りシート
第4回 (10月12日)	批判的読み②	課題・ファイル置場	ワークシート、授業の振り返りシート
第5回 (10月19日)	レポートの基本形	課題・ファイル置場	ワークシート、授業の振り返りシート
第6回 (10月26日)	レポートの問い・主張・論証を考える①	課題・ファイル置場	ワークシート、授業の振り返りシート
第7回 (11月2日)	レポートの問い・主張・論証を考える②	課題・ファイル置場	ワークシート、授業の振り返りシート
第8回 (11月9日)	序論を描く	課題・ファイル置場	ワークシート、授業の振り返りシート
第9回 (11月16日)	最終レポートの提出に向けて	課題・ファイル置場 ルーブリック	ワークシート、授業の振り返りシート、 宿題：中間レポート①（400字程度）
第10回 (11月30日)	引用ルール～本論を書く～	課題・ファイル置場	授業の振り返りシート、 宿題：中間レポート②（600字程度）
第11回 (12月7日)	文章表現・表記上の注意点	課題・ファイル置場	授業の振り返りシート、 宿題：中間レポート③（800字程度）
第12回 (12月14日)	相互レビューと自己評価①	課題・ファイル置場 ポートフォリオ ルーブリック	授業の振り返りシート、 宿題:中間レポート③の自己評価とコメント、 中間レポート④（1000字程度）
第13回 (12月21日)	相互レビューと自己評価②	課題・ファイル置場 ポートフォリオ ルーブリック	授業の振り返りシート、 宿題:中間レポート④の自己評価とコメント、 中間レポート⑤（1500字程度）
第14回 (1月11日)	提出前に体裁を整える① （レポートの構成・論理展開を中心に）	課題・ファイル置場 ポートフォリオ ルーブリック	授業の振り返りシート、 宿題:中間レポート⑤の自己評価とコメント、 中間レポート⑥（1800字程度）
第15回 (1月18日)	提出前に体裁を整える② （レポートの構成・論理展開を中心に）	課題・ファイル置場 ポートフォリオ ルーブリック	授業の振り返りシート、 宿題:中間レポート⑥の自己評価とコメント、 完成レポート（2000字程度）
授業終了後	最終レポートの提出	課題・ファイル置場 ポートフォリオ ルーブリック	完成レポート（2000字程度）

(2)「ファイル置場」での蓄積と共有

「ファイル置場」では、表5.3（前掲）で示したとおり、学修コンテンツ（ファイル・文献情報）の蓄積・整理を行うことができる。「文章力をみがく」においては、具体的に、学生が「課題」から提出した場合に自動生成されるファイル、教員や学生がローカルPCから「ファイル置場」に直接アップロードしたファイル・文献情報、そして教員が各授業回のテキストや配付物をPDF化したファイル、CiNiiなどの検索機能を用いて収集した文献情報などを、この「ファイル置場」をとおして、教員と学生間で共有した。また、この「ファイル置場」の右カラムに設置されている全体掲示板機能も、教員と学生全員がメッセージを共有する目的で活用した。

なお、「ファイル置場」に蓄積・共有されるファイルや文献情報については、教員（メンター）権限において、ファイルごとに公開・非公開の設定を行うことができる機能を追加した（5.1.2を参照）。この「文章力をみがく」においては、学生の意思を確認したうえで非公開を基本設定とし、学生からすると、自分がアップロードした情報（ファイルや文献情報）と教員から提供された情報を、教員（メンター）と自分のみ閲覧・共有できる仕様のもとで活用した。

(3)「ポートフォリオ」の作成

「ポートフォリオ」では、授業をとおして蓄積・共有してきた学修成果物や文献情報を「ファイル置場」から引用し、ルーブリックにもとづいた学修成果の振り返り（評価とコメントの付与）を行うことができる。

「文章力をみがく」においては、段階的にレポートを書きあげていく授業終盤（第12回）から、この「ポートフォリオ」機能を活用した。授業をとおして、学生にはレポートに関する自己評価（たとえば、5観点×5尺度で評価をすると、5点を満点とする観点平均値が自動的に算出され、ルーブリックの下部に表示される）と振り返りのコメントを計4回課し、教員からは他者評価とコメントのフィードバックを行った。表5.5と表5.6は、その結果をまとめたものである。**表5-5**から、「ポートフォリオ」を本格的に使い始めた時（ポートフォリオの利用1回目）と授業終了時（同4回目）で、学生12名の自己評価の観点平均値について

表5-5 レポートの自己評価点に関する観点平均値の初期値と最終値の比較（5点満点）

	1回目（12月中旬） （初期値）	4回目（1月中旬） （最終値）
平均値	2.83	3.49
標準偏差	0.63	0.70
最大値	3.83	4.83
最小値	1.67	2.67

(n = 12)

表5-6 「ポートフォリオ」における学生の振り返りコメントの例

	1回目（12月中旬）の振り返り	4回目（1月下旬）の振り返り
Aさん	参考文献をうまく関連づけて記述できていないので、時間をかけてじっくり考えていきたい。	序論の分量が多くなって、本論・結論がおざなりになってしまったり文献がうまく主張につなげられていないなと思った。文献の再検討、文章の構成のやり直しの必要があるなと感じた。結論もまだ途中の段階ではあるが、もっと根拠にもとづいた主張をかけるようにしたいなと思った。
Bさん	まだ全然書けていないのでもっと書き進めていけるように頑張ります。	アドバイスのおかげで少し本論を書き進めることができました。結論をしっかり書けるように頑張りたいです。
Cさん	自分の主張を裏付ける根拠やデータが示せていないところがいくつかあるので、より詳しい文献にあたり、もう少し形にしたい。	引用文献の書き方をもう一度整理する。文章を読み返して誤字脱字や「てにをは」などおかしなところがないか確認する。最終的には（評価点平均を）4.00くらいに上げていきたい。

t検定を用いて比較したところ、$t(11) = 3.22$、$p < .01$であり、有意な差が認められた。**表5-6**からは、「ポートフォリオ」における振り返りが、ルーブリックによる評価や教員からのコメントによって自分自身の課題を認識し、その改善に向けての契機となっていることをうかがい知ることができる。

(4)「ルーブリック」の作成と共有

「ルーブリック」では、教員が「課題」を提示したり、学生が「ポートフォリオ」で振り返りをしたりする際、ルーブリックを選択するプルダウンメニューに表示される仕様になっているルーブリックの作成および共有をすることができる（**図5-27**）。

図 5-27 「ルーブリック機能」

　「文章力をみがく」では、予め教員が作成した「最終レポートに関するルーブリック」を、これから学生が本格的にレポートを書き始める前の段階(第9回)で、この「ルーブリック」機能をとおして共有した。それ以降、教員が「課題」でルーブリックを添えて課題を提示したり、学生が「ポートフォリオ」でルーブリックにもとづく自己評価をしたりする際に、「ルーブリック」を活用した。表 5.6 に示した「ポートフォリオ」における学生の振り返りコメントからは、多くの学生がルーブリックの評価観点や記述語を意識しながら、自身のレポートの現状と改善に向けての指針を得ていた様子がわかる。

　以上では、一つの授業をもとに、TEC-folio の活用例をみてきた。今後は、こうしたミクロな学習サイクルを基本形としつつ、1セメスターにとどまらない、よりマクロな利用の促進が課題として挙げられる。すなわち、授業ベースの利用だけではなく個人による利用、学期や学年をまたいだ継続的な利用を学内外において広く進めていくことで、e ポートフォリオ本来の有用性と教育効果をより高めていくことが期待される。

7．TEC-system の国際化と地域化

ライティングセンターのユーザは日本語を母語とする学生だけでなく、日本に来て間もない外国人留学生も多い。そのため、予約システムの言語リソースとして複数言語を扱えることが求められる。このような状況を踏まえ、昨年度に引き続き、システムの国際化および地域化に取り組んだ。

国際化とは、技術的な変更を加えることなく多様な言語に適合させるためのコーディング作業であり、internationalization と呼び、i18n2 と略記する。国際化が施されたシステムでは、後に述べる地域化作業によって翻訳語を用意すれば複数の言語に対応することができる。地域化とは、翻訳語を用意して特定の言語に適合させるための翻訳作業であり、こちらは localization と呼び、L10n2 と略記する。

国際化の作業手順は次のとおりである。まず、TEC-system のソースコードにおけるメニュー、ボタンラベル、アラートメッセージ等の言語リソース部分に"_()"でラップを施す。つぎに、xgettext コマンドを用いて pot 形式 (Portable Object Template) のファイルをマスターテンプレートとして作成する。

今回、地域化は英語に翻訳することを目標とした。まず、国際化で作成したマスターテンプレート (日本語) を対象ロケール (今回は英語) に応じたディレクトリに配置し、po (Portable Object) ファイルとして作成した。そして、この po ファイルを翻訳作業プラットフォーム「Transifex」で読み込み、コアチームの 4 名の翻訳者が共同で作業を行った (図 5-28)。翻訳リソース数は、TEC-book で 295 項目、TEC-folio で 338 項目、合計 633 項目であった。翻訳作業終了後、Transifex で po ファイルへ書き出し、対象ロケールのディレクトリに配置し、翻訳結果がシステムに反映されていることを確認した (図 5-29)。その後、津田塾大学の教員によるネイティブチェックを受けて修正を行った。今回は英語のみの地域化を行ったが、他言語へ対応させるには、pot ファイルから作成した po ファイル中に訳出した翻訳語を記述し、対象ロケールディレクトリへ配置するだけでよい。ところで、図 5-29 では、ユーザ氏名や科目名称等の言語が切り替えられていないが、これはシステム内の言語リソースではなく、

図 5-28　Transifex による翻訳作業

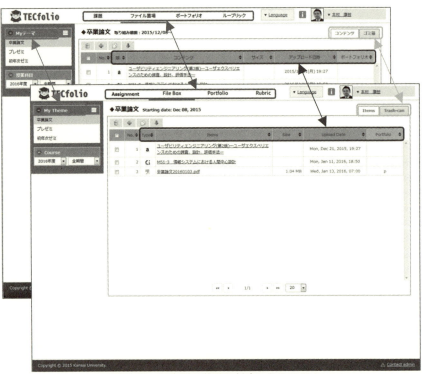

図 5-29　日本語と英語に対応したシステム

データベース内に格納されているデータを表示しているからである。たとえば、英語で記述された氏名や科目名称等のデータを用意すれば、英語で表示されることになる。

8. おわりに

　TEC-system (TEC-book ＋ TEC-folio) は、ライティングセンター包括支援システムとして、関西大学と津田塾大学で共同開発された。

　まず、TEC-bookは、これまで存在しなかったライティングセンター運営を目的とした支援システムである。学生からの相談予約だけではなく、それに紐づけられた指導履歴の蓄積と共有、チューターと相談時間枠の配分等、運営に必要な情報管理機能を網羅し、一元化されている点に大きな特徴がある。また、同一組織における複数箇所での並行運用が可能で、複数言語にも対応している。本システム導入によって、ライティングセンターの効率的かつ柔軟な運営が可能となるであろう。関西大学の場合、ライティング相談室を1箇所から6箇所に拡張した。その結果、学生にとってライティングセンターへのアクセシビリティが大幅に向上した。また、学生による相談予約の取り易さと確実性、チューター間での相談履歴の共有によって、学生の成果物(レポート・論文等)に対する指導の連続性と一貫性が担保されている。これらのことによって、学生のライティングに対する意識や学修成果物の質の向上が期待できる。

　また、Tec-folioは、独自開発されたオープンソースソフトウェアのeポートフォリオシステムである。学生が大学生活でのさまざまな学びのシーンで利用できる。たとえば、授業をベースとした利用では、教員のリードのもと、学修に関連するファイルや文献情報(Amazon, CiNiiへのリンク情報)を蓄積・共有することによって、他者と協働しながら学びを進めることができる。一方で、授業科目だけではなく、クラブ、サークル、インターンシップ等の課外活動、教育実習等をテーマとしたポートフォリオを学生自らが設定し、大学における自身の学修成果を考え、表現し、発信するための利用が可能な点に大きな

特徴がある。教員・メンターとコミュニケーションしながらのポートフォリオ作成を支援し、学生の学びを支援する。また、「eルーブリック」を教員 - 学生間で共有することで、学びの達成目標を明確化し、自己評価・他者評価で振り返りを実質化する。これらの過程で構築されたポートフォリオは、就職活動でエントリーシートを記載する際に材料とエビデンスを提供し、学生のキャリア形成に寄与するであろう。

　冒頭言及したように、TEC-system はオープンソースソフトウェアとして公開されている。2018 年現在においても、関西大学と津田塾大学以外の大学のライティングセンターでの導入が進みつつある。今後、多くの大学において、TEC-system を利用したライティング支援が広がることを期待したい。

注

1　オープンソースソフトウェアを公開するサイトの一つ。https://github.com/
2　この表記は数略語（numeronym）と呼ばれ、表記が長い英単語について、最初と最後を除いて文字数を記述するものである。i（nternationalizatio）n の（ ）内の文字数は 18、l（ocalizatio）n の（ ）内の文字数は 10 であることから、それぞれ i18n, L10n と表記する。L10n については、数字の 1 と混同しないように L は大文字としている。

第6章

正課と連動したライティング支援や入試形態別のライティング支援を考える

多田泰紘、岩﨑千晶

　学生は課外にライティングラボを訪問してライティング支援を受けるが、その支援は正課とつながりを持たせるとより効果が上がる。本章では、正課と連動させたライティング支援を実施することでどのような効果があるのか、また課題が挙げられるのかについて考察を行う。具体的には初年次科目、理工系科目を取り上げる。加えて、さまざまな入試形態で大学へ入学する学生が増えており、彼らへの学習支援も求められている。そこで、スポーツに取り組む学生アスリートへの支援も取り上げる。最後に、正課授業との連携をすすめていくにあたっての望ましい方略について検討する。

1. 初年次科目との連携

1.1 初年次学生とアカデミック・ライティング

　本節ではライティングラボが行ってきた、関西大学の主に初年次生を対象とした正課教育科目（初年次科目）と連携したライティング学習支援について述べる。

　初年次科目は単なる大学1年生対象の授業や専門教育科目のひとつというよりも、「初年次学生が大学生になることを支援するプログラム」（中教審2008）の文脈で説明されることが多い。各大学により多少異なるが、初年次教育科目は、高等学校を卒業し大学の授業に適応するための学習習慣や学習方法を身に付ける、学ぶための学びとしての特徴を持つ。ここでは、前文の初年次教育を具現化した正課教育科目の意味で「初年次科目」を用いることとする。具体的には、主に初年次生を対象とした「レポート・論文などの文章作成法」、

「プレゼンテーションやディスカッションなどの口頭発表の技法」、「論理的思考や問題発見・解決能力の向上」「図書館の利用・文献検索の方法」に関する授業科目群を指す。

　関西大学において、初年次科目に該当する科目群は、「共通教養科目」のうち主に1年生を対象に開講される「基盤科目群」と、各学部の「専門科目」のうち主に1年生に対して、大学生としての学習を支える基礎技能の習得を目的に開講される授業科目のふたつに大別される。これら授業科目群では、座学形式の講義と並行して、協同学習や口頭発表が行われる。また、課外でのレポート作成、プレゼンテーション用のスライド作成などが求められることも多く、大学として、これらの学習活動に不安や困難を抱える学生のサポートが必要となる。

　大学全入時代において入学者の知識・技術や大学進学理由は多様化傾向にあり (山田 2013)、大学における学習への不適応が指摘されている (川嶋 2013)。また、大学1～4年生4948人を対象とした学習・生活実態調査から、「教員が知識・技術を教える講義形式の授業が多いほうがよい (78.7%)」、「大学での学習の方法は、大学の授業で指導をうけるのがよい (50.7%)」といった結果が得られており (ベネッセ 2017)、学生の受け身な態度や学習への消極性が示唆されている。関西大学においても、提出直前のレポートの「添削」をライティングラボに依頼する学生は少なくない。アカデミック・ライティングに関する不安や困難を抱えつつも、自ら学ぶことに対して消極的な姿勢が垣間見える。

　大学でのアカデミックな経験に対する学生の関与 (学びへの動機・能動的な学習) は、学生の知識獲得や認知発達に影響を与える (Pascarella & Terenzini 1991)。特にアカデミック・ライティングは、文法や引用のルールなど文章を書く上での知識だけでなく、テーマの設定や資料収集、論理的な文章の構築、文章の見直しと修正など、文章を作成する技術 (スキル) を含んでおり、その習得には自立的な学びと継続的な修練が必要となる。

　多くの大学では、初年次学生へのアカデミック・ライティングに関する指導・支援を正課教育および課外でのサポートという形で行っている (文部科学省 2015)。以下では、関西大学ライティングラボが行っている正課教育と課外

での学習支援を結びつけ、学生の早い段階での自立学習習慣を促す「連携」の事例を紹介する。

1.2 関西大学ライティングラボにおける初年次科目との連携事例

ライティングラボが行う初年次科目との連携として大きく以下の3種類が存在する。まず、①ライティングラボのスタッフが初年次科目の授業に出張し、ライティングラボの利用方法に関するガイダンス（利用ガイダンス）やレポートの書き方などに関するミニレクチャー（出張講義）を行っている。つぎに、②レポート課題などについて、教員が学生に対してライティングラボの利用を促す「利用推奨」や、利用を義務付ける「利用指示」を受け、教員の設定した課題や学習目標に沿った個別相談対応を実施している。最後に、③レポートの書き方に関する自習用資料・教材「レポートの書き方ガイド」を配布している。

初年次科目を対象とした「利用ガイダンス」「出張講義」（**図6-1**）は2012年よ

図6-1 利用ガイダンスの様子

り開始し、これまでに 44 回行っている (2017 年 12 月末日時点)。出張講義の内容は、レポートを書く上で初年次学生がつまずきやすい感想文とレポートの違いや、文献の集め方や引用方法、レポートの構成や表現、などとなっている。授業内でレポート課題が出された前後に、ライティングラボのアカデミック・アドヴァイザーが出張講義を行い、学生のレポートに対する不安や基礎知識の習得をサポートしている。

　上記の出張講義を行う以外に、授業担当の教員とライティングラボのアカ

ライティングラボ　利用証明書　　　関西大学ライティングラボ

この証明書は相談者がチューターと 40 分のセッションを行ったことを証明するものです。
「学生記入欄」に記入後、チューターへ提出してください。

学生記入欄				
来室日時	年　　月　　日（　　）		時　　分〜	
提出期限	年　　月　　日（　　）		時	
氏名		学籍番号		
授業名		担当教員		

チューター記入欄：相談の状況
1．学生の持参物（複数チェック可）
　□　課題に関連する資料（授業で配布されたもの、自分で調べたもの）
　□　自分で書いた文章
　□　何も持ってこなかった
2．提出期限までの残り時間
　あと　　　日　　　時間　　　分
3．学生が課題の意図を把握していたか
　□　把握していた
　□　把握していなかったのでチューターから伝達した
　□　把握していなかったのでチューターから伝達したが、理解してもらえなかった
4．ラボで支援した点（複数チェック可）
　□　課題でどのような書き方が求められているかを伝えた
　□　何をテーマにして書くかを考えた
　□　OPAC などで情報検索を行った
　□　主張（何を言いたいか）を考えた
　□　文章の構成（序論・本論・結論）を考えた
　□　文章の展開（段落の作り方、接続表現）を考えた
　□　引用、参考の仕方を考えた
　□　日本語としての文章表現をチェックした
　□　文章全体の推敲を行った

ひとこと：

図 6-2　利用証明書

デミック・アドヴァイザーが授業課題や学習目標を事前に打ち合わせを行い、レポート課題などについてライティングラボへ相談することを履修学生へ義務付ける「利用指示」を行っている。これらは2012年度より開始し、これまで延べ142件実施している (2017年12月末日時点)。なお、学生が実際に利用したかどうかや、利用時の様子、課題の進捗状況などについて授業担当教員へフィードバックしている (図6-2)。学生のライティングラボ利用について、その目的や学習効果の判断は教員により異なるが、他者への相談や対話による解決方法の模索といった課外学習が、初年次科目に取り入れられている。

ライティングラボでは、2012年に初年次生向け自習用資料・教材「レポートの書き方ガイド」(図6-3) を作成し、学生への配付を希望する初年次科目担当教員へ提供した。その後、改訂を加え、2014年より「レポートの書き方ガイド (入門篇)」「レポートの書き方ガイド (基礎篇)」を、2015年より「レポートの書き方ガイド (発展篇)」の3種類を配布している。これらはアカデミックな文章の特徴や、資料の集め方・読み方、引用のルール、文章の組み立て方について

図6-3　ライティングラボが配付しているレポートの書き方ガイド

説明した冊子となっており、学生が課外でレポートを作成する際の書き方の参考書として、あるいは疑問を解消するための案内書として使用されている。なお、これまでは学生の自習を促す方策として紙媒体の資料を中心に利用しているが、今後教育現場におけるICT活用を活かし、eラーニング教材の提供に取り組んでいる(第7章参照)。

本項の最後に、初年次生以外を対象とした連携について触れておく。ライティングラボでは、2年生以上を対象とした出張講義、「利用推奨」および「利用指示」を行っており、3年生以上のゼミを担当する教員からの依頼が多い。卒業論文指導の一環として、あるいは論文執筆のための基礎知識・スキルの振り返りとして活用される傾向にある。分野により書式等が異なる卒業論文の講義、個別相談を行うため、担当者、指導教員との綿密な連携が求められる。

1.3　授業連携による効果と課題

ライティングラボでは初めてレポートを書く学生が不安や疑問を解消し、授業内外に関わらず、場所に限定されず、アカデミック・ライティングに主体的に取り組めるよう、初年次科目およびその担当教員と連携したサポート体制を整えてきた。特に、利用指示を受けてライティングラボの個別相談に訪れた学生は、2015年度延べ555人、2016年度延べ622人となっている。

上記の利用指示を受けてライティングラボを訪れた学生と、自発的に来室した学生を比較・分析したところ、利用指示を受けた学生は学期途中の早い段階からライティングラボを利用する傾向にあった。また、2回目以降の相談において利用指示を受けた学生のレポート作成に有意な進捗が見られた。これらの結果から、利用指示を受けることで学生は早期からレポート作成に取り組み、ライティングラボでの相談を経て、課外で自立的に文章作成を行っていると考えられる。

一方、ライティングラボが初年次科目との連携を開始してから数年が経過し、いくつかの課題が散見される。

上記のように初年次生へのライティングの継続的な学習効果はあるものの、授業連携の認知度向上と利用拡大が今後の課題といえる。利用学生を対象と

したアンケートからはライティングラボの対応への不満は少なく、対応の仕方に問題は見られない。また、ライティングラボをはじめとした学習支援組織の利用数の増加が教育上必ずしも好ましいわけではないが、学生に組織の存在やサポート内容を周知し、課題を乗り越えるひとつの手段としてライティングラボが認知される必要性はあるだろう。具体的な対応方法として、初年次科目をコーディネイトする教職員へ連携を提案し、学部やカリキュラム単位での利用を展開していくといった工夫が必要と考えられる。

また、利用学生の意識や態度の課題が見受けられる。少数ではあるものの、利用指示を受けてライティングラボを訪れる学生のなかには、意欲が低く、チューターとの対話に消極的な者が見られる。教員から指示されてライティングラボを訪れていることが学生の意欲に影響していると考えられる。学生へのライティングラボを利用する目的と意義の丁寧な説明、および学生の自己効力感を高める相談対応が必要であろう。また、授業連携を行うことで継続的な学習効果が出ていることから、授業連携の必要性を教員自身が理解するFD活動や、教員が目指す授業到達目標に貢献できているかアンケートを実施するなど、連携の密度を濃くすることが必要と考えられる。ライティングセンターをはじめとする学習支援組織と初年次科目担当教員が個々の専門性や役割を偏重すると、共通の目標が設定できない、相手の支援手法に委ねすぎるといった状況が生じ、学生に形式的な利用を押しつける、学生が効果的な利用法を理解できないなどのネガティブな効果を生み出しかねない。互いの立場を理解することに加え、指導・支援においてよい意味で遠慮のない体制や場を作ることが必要と考える。

2．理工系授業の連携

2.1 理工系授業とアカデミック・ライティング

関西大学はシステム理工学部、環境都市工学部、および化学生命学部の3つの理工系学部を有している。これら理工系学部に在籍する学部生(以下、理工系学生と呼ぶ)は計5280人である(2017年5月1日時点;関西大学総合企画室広報

課 2017)。なお、ここでは理工系授業を「自然科学および工学に関する基礎科目(数学・物理学・化学・生物学・地球惑星科学)の講義および実験」と定義する。

　教養教育の充実や学問分野の文理融合が進み、理工系学生の履修する科目がすべて理工系授業という状況ではなくなってきている。関西大学システム理工学部を例に挙げると、2017年度入学者の卒業所要単位128単位のうち、理工系授業を中心に展開する専門教育科目は96単位、一部理工系授業が開講される共通教養科目が20単位である(関西大学 2017)。大学卒業までにおよそ100単位近くの理工系授業を履修することになる。

　理工系授業と連携したライティング学習の支援において、講義課題のレポート以外に、毎回の実験後に作成する実験レポートに関するサポートが必要となる。特に理工系学生は、専門科目での実験授業の基礎を学ぶために、1、2年生の間に多くの実験レポートを書くことになる。理工系学生の支援および授業連携をすすめるうえで、実験レポートの書き方に関するセミナーや相談対応は必須といえよう。

　実験内容の結果および考察を記述する実験レポートは、理工系学部に特有のアカデミック・ライティングといえる。実験レポートでは、理系基礎科目(物理学、化学、生物学、地球惑星科学)およびそれらが専門的に細分化された科目群(例：有機化学、生物工学)で開講される実験講義について、実験のプロセスや結果、考察をまとめ、教員が用意した課題の回答を記述する。学生の相談内容に実験レポートの構成(目的・手法・結果・考察)、数式や図・表の書き方、グラフ用紙やスケッチブックの使い方など、理工系特有のものが含まれるため、理工系の学問分野出身のアカデミック・アドヴァイザーやチューターによる対応が望ましい。特に初年次生は実験レポートの作成経験がほとんどないため十分な支援が必要となる。支援方法は論証型レポートと同様、個別相談、課外での講座・セミナー等の実施が考えられる。

2.2　ライティングラボにおける理工系授業との連携事例

　ライティングラボは2012年度より全学部生を対象としたライティング学習支援を行ってきた。2017年度からは、理工系学部での課外セミナー「レポー

第6章　正課と連動したライティング支援や入試形態別のライティング支援を考える　163

図 6-4　理工系学生を対象としたワンポイント講座の様子

トの書き方ワンポイント講座」(図 6-4) を開催し、理工系学部の学舎内に個別相談場所を増設するなど、理工系学生に対するライティング支援を拡張している。

　理工系学生を対象としたワンポイント講座の開催にあたって、理工系学部の授業担当教員と連携し、講座開催について理工系授業内で広報を行った。ワンポイント講座は、レポートの書式や構成など全学問分野に共通の基礎的な知識に関するものと、実験手法や考察の書き方、図・表の使い方など理工系の実験レポートに関するものの2種類を開催した。後者は、理工系学生が授業内で課題として書くこと、将来の卒業論文執筆時の基礎知識となることを考慮し、実験目的と結論の対応関係やグラフを作成する上での注意点など、理工系に特有のライティングに言及した。

　理工系学生を主な対象とした個別相談の実施にあたって、関西大学千里山キャンパスの理工系学部の研究・授業が行われている建物内に個別相談対応ブースを設置し、理工系学部の博士号を取得したアカデミック・アドヴァ

イザーを相談対応者として配置した。また、個別相談場所の開設にあたって、理工系学部の教員に対して案内冊子やチラシを配布するなどの広報を行った。

「レポートの書き方ワンポイント講座」はレポートの書き方全般に関する基礎的なものと、実験レポートの書き方に関するものを開催した。理工系学生を主な対象とした開催であったが、2017年度の参加者数は当初の想定を上回るものであった。特に初めて開催した実験レポートに関するセミナーは、理工系学部の初年次生が参加者全体の9割以上を占めており、セミナー後に行ったアンケートからも理工系学生の高い関心がうかがわれた。理工系学生にとって実験レポートの書き方に関する知識・スキルは必須の要素であり、学習ニーズは大きいといえる。今後は回数や開催場所を増やすとともに、理工系学部や授業担当教員との連携を強化し、理工系学生を対象としたライティング支援の強化を図る。

理工系学生を対象とした個別相談をより強化するために、2017年度秋学期（10月）以降はライティングラボ利用案内を理工系学部の教員全体へ口頭で行い、個別相談の開室回数や時間を増加した。その結果、利用数は増加しており、理工系学部へのライティングラボの活動が浸透してきている。今後も、相談対応の時期を工夫すること、教員への周知を強化することで、理工系学部のニーズに即したライティング学習支援を提供できるものと考える。

3．関西大学 SF 入学生に向けた支援

3.1 アカデミック・ライティングと学生アスリート

関西大学 SF 入学生は、「スポーツ・フロンティア入試」を経て入学した学生である。2017年度入試（12月募集）において、12学部119名が合格している。SF 入学生は所属学部の授業を履修しながら、クラブ活動に参加しており、一般入試で入学した学生と比較して学業面での不安をより強く感じることがある。

一方、学生アスリート[1]も一般入試入学生と同じ授業を履修し、課題に取り組み、卒業論文を執筆する。そのなかで論理的な文章を書く能力、課題を

解決する能力の習得が求められる。そこで、関西大学ではスポーツ振興グループが中心となって SF 入学生に対する入学前教育や補助授業、講習会などの学習サポートを実施している。本節で取り挙げる「文書作成能力向上講習会」はスポーツ振興グループとライティングラボが連携して実施した、アカデミック・ライティングに関する学習サポートのひとつである。

2017 年度 SF 入学生 1 年生を対象に、アカデミック・ライティングに関するアンケート調査を行ったところ、「大学入学までにレポート作成などの論理的な文章作成に関する授業を受けたことがある」学生は約 15%（15 人／99 人）であった。また、「感想文とレポートの違いについて説明できる」か 4 段階（できない／自信がない（評価 1）<< できる／自信がある（評価 4））で回答を求めたところ、平均値は 2.30（99 人回答）であった。以上のことから、SF 入学生はアカデミック・ライティングに課題や不安を抱えていることが見て取れる。一方、SF 入学生はクラブ活動や対外試合などに参加する機会が多く、学習時間の確保が難しい。その点を考慮した学習サポート体制とライティング学習支援を展開する必要がある。

3.2 ライティングラボによる SF 入学生に対する支援

ライティングラボでは、関西大学スポーツ振興グループと連携して 2014 年度より SF 入学生 1 年生を対象とした「文書作成能力向上講習会」を開催している。

本講習会では、アカデミック・ライティングに関する正課授業を履修していない SF 入学生 1 年生を主な対象として、1 回 90 分程度の課外講習会を開催している。アカデミック・ライティングの意義や重要性、課題に沿ったテーマ設定、文献・ウェブサイトからの情報収集の方法、論理的な文章の書き方

表 6-1　2017 年度春学期文書作成能力向上講習会の概要

回	講義	講義外学習	学習サポート
1	座学形式・個人ワーク	資料収集	個別相談
2	座学形式・グループワーク	レポート	資料配付 教材公開

図 6-5　文書作成能力向上講習会の様子

図 6-6　公開した e ラーニング動画教材

などについて、レクチャーとグループワーク、講義外学習、学習サポートを組み合わせ、短期間で能動的にライティング力を身に付けるプログラムを実施している(**表6-1**)。

ここでは、2017年度春学期に筆者が実施した文書作成能力向上講習会を事例として取り上げる。

講習会を開催するにあたり、その到達目標として、「レポートとは何かを説明できる」「テーマを設定し、文献を収集・読解することができる」「文献を正しく引用し、論理的な文章を書くことができる」の3つを設定した。

講習会は全2回の講義を中心に展開した(**図6-5**)。第1回講義は座学形式の講義と個人ワークを行い、第2回講義ではグループワークを中心にミニレクチャーを組み込み、受講生5〜6人でひとつのレポートを作成・発表させた。第2回講義終了後、グループワークでの経験を踏まえ、受講者個人が作成するレポート課題を課した。また、講義終了後にクラブ活動等で欠席した学生や自習に取り組む学生をサポートする目的で、資料の配付とeラーニング動画教材(**図6-6**)の公開を行い、レポート課題を行う際に生じた疑問・質問を解決するために、ライティングラボの個別相談の利用を促した。講習会とライティングラボによる学習サポートにより、学習時間の確保が難しいSF入学生に対するアカデミック・ライティングの支援を行った。

「文書作成能力向上講習会」とライティングラボの学習支援の効果を検証するため、2017年度春学期の文書作成能力向上講習会受講生を対象として、1)アカデミック・ライティングに関する意識、2)文書作成能力、について調査を行った。

具体的には、第1回講習会受講前(プレ)と第2回講習会受講後(ポスト)にアンケート調査を実施した。講習会の到達目標と連動したアカデミック・ライティングのスキルについて、「できない/自信がない」(評価1)から「できる/自信がある」(評価4)の4件法で回答させた。いずれの調査項目(回答項目)も有意な上昇が見られた(対応のあるt検定、$p < 0.5$; **表6-2**)。

文書作成能力の検証は、講習会後に提出されたレポートのルーブリック評価により行った。なお、ルーブリックの評価基準は事前に設定した講習会の

表 6-2 ライティングスキルに関するプレ／ポスト調査の結果

項目	プレ調査平均	ポスト調査平均
感想文とレポートの違いを説明できる	2.25	3.16
テーマ設定について自信がある	1.96	2.84
自分で文献を探すことができる	2.19	2.87
引用方法について理解している	2.31	3.11
論理的な文章の組み立てに自信がある	2.11	2.88

プレ／ポスト調査の両方に回答した受講生75名のデータを使用した。

到達目標と連動しており、ルーブリックおよびその基準と評価点数は講習会の中で受講生に提示した（図 6-7; 表 6-3）。レポート提出者の合計評価点の平均は 11.64 で、予め設定した合格基準（4 項目平均 3 点、計 12 点）に近接しており、受講者の過半数が十分なレポート作成力を身に付けた。一方、「客観的な証拠」の提示を苦手とする受講生が比較的多く、個人的な経験のみを記述するケースが多く見られたため、提出された学生のレポートに改善点をコメント

評価基準／スコア

評価観点	4点	3点	2点	1点	スコア
文章の構成	序論・本論・結論の三部構成になっている。内容のまとまり、文字数のバランスが優れている。文章のつながりが明瞭で読みやすい。	序論・本論・結論の三部構成になっている。各項目に必要十分な内容が書けており、文字数のバランスが取れている。	序論・本論・結論の三部構成になっているが、各項目の内容に重複や不足が見られる。文字数のバランスが悪い。	序論・本論・結論の三部構成になっておらず、文章のつながりが不明瞭。読みにくい。	
客観的な証拠	客観的で十分な証拠が示され、非常に説得力がある。主張に納得できる。	客観的な証拠が示されており、主張を理解することができる。	証拠はあるが、主張的で、説得力に欠ける。	証拠がない。	
テーマと主張	テーマが具体的で、主張が明確である。一度文章を読んだだけで納得できる。	テーマが具体化されており、主張を読者に提示できている。	テーマは設定できているが、やや抽象的で、主張が分かりにくい。	テーマが抽象的で、主張もまとまりを欠いている。何を言いたいのか分からない。	
文法	誤字・脱字がない。で・ある調。	誤字・脱字がほぼない。である調。	誤字・脱字がある。一部がです・ます調。	誤字・脱字が多い。です・ます調。	

コメント					計スコア

図 6-7 講習会で使用したルーブリック

表6-3 レポート課題のルーブリック評価

評価観点ごとの評価点の平均				総合評価点の平均
テーマと主張	客観的な証拠	文章の構成	文法	
2.88	2.53	3.00	3.23	11.64

し、ルーブリックとともにフィードバックを行った。なお、能力向上を期待し、12点未満のレポートについては、ライティングラボの個別相談の利用を推奨した上で再提出を求めた。再提出されたレポートのほとんどは合格基準を達成した。

本講習会の課題と改善点して以下のふたつが見出された。

2017年度春学期の講習会受講者の半数以上がアカデミック・ライティングの経験を有しておらず、講習会の中でライティングの基本的な知識に関する座学講義やレクチャーに多くの時間を費やすこととなった。今後、基本的な知識について、チェックリストを用いた学生同士のピアレビューを行うなど、より能動的かつ短時間で学ぶ工夫が必要と考えられる。

また、グループワークにおいて各学生の積極性の違いが表出し、参加・貢献度合いに受講者間で差が生じてしまった。学生の積極性の違いは完全な解決が困難であるが、ひとつのグループの人数を減らす(本講習会では、受講者の総人数を勘案し5-6人を1グループとしていたが、これを1グループ3-4人とするなど)、各人に進行役、発表者、タイムキーパーなどの役割を設定するなど、作業に参加する機会を意図的に増やす工夫が有効と考えられる。

4. 新たな連携を目指して

4.1 授業とライティングセンターの連携を目指した利用傾向

これまでの節でも紹介されてきたように、授業と学習支援を連携させることで学生の学びをシームレスにつなげることができることがわかった。初年次科目では、教員からも学生からもレポート作成に関する学習支援のニーズは高く、連携数としては最も多いことが示された。実際、初年次教育において、文章作成に関する教育実践を導入する大学が増加しており、井下(2008)はそ

の理由として、大学全入時代が到来し、学生の読み書きに関する基礎的な力の低下を指摘し、それを補完するために書く力を育成することが重要になってきたと指摘している。

　初年次教育には文章作成に特化した科目もあるが、文章作成に加えプレゼンテーション（以下プレゼン）やディベート等の教育プログラムを広く扱うスタディスキル取得型の授業が主軸となって開講されている（河合塾 2010）。この形態の授業では、限られた授業回で文章作成以外の内容も扱うため、授業だけで文章作成指導を完結し、書く力を育成することは容易ではない。なぜなら書く力は、主張に対する理由や根拠を提示するといった論理的な思考力、それを文章として表現する力が含まれる総合的な高次の認知力だからである（井下 2008）。そのため、初年次教育におけるライティングセンター利用が求められているといえよう。たとえば、関西大学文学部では、初年次教育「知のナヴィゲータ」は必修科目となっているため、複数のクラスを開講している。この科目では、どのクラスにおいても質を保証するために、到達目標を決め、その目標を達成するための共通テキスト「知のナヴィゲータ（くろしお出版）」が利用されている。文学部からの依頼で、ライティングセンターは全クラスの学生を対象にライティングセンターや図書館の利用方法や、図書検索に関する出張セミナーも行っている。

　また、初年次に続いて利用者が多かったのが卒業論文指導である。こちらも教員、学生からの利用ニーズは高いといえる。教員が「よりきめ細やかな指導をするため」にライティングラボの利用を学生に促すケースが多い。あるいは「ゼミに直接かかわっていない第三者であるライティングセンターの意見を聞いて、どういった意見が自分の卒業論文を執筆する際に役立つのかを見極めてほしい（2017年度の教員向けインタビュー調査より）」といった教員の意向もあった。また学生からの「卒業論文の書き方、基本的な構成を教えてもらいたかった」といった意見や、「教員から受けているが、どうしても理解しきれないところがあり、かみ砕いて教えてもらって前に進めた（2017年度の学生向けインタビュー調査より）」といった意見も挙げられていた。初年次教育ではレポートの執筆枚数は1枚程度が多いことから、単発での利用が目立つが、卒業論

文指導に関しては、複数回利用する学生が多く、正課と正課外の学習支援を積極的に利用する学生の様子がうかがえた。

今後も正課との連携を考慮し、その連携をより促すための方略について「カリキュラムマネジメント」「授業におけるライティングセンターによる出張セミナー」「ライティング教材を活用した反転授業」の側面から検討を加える。

4.2　カリキュラムマネジメントから考えるライティング力の育成

これまでの利用実績を見ると、正課との連携に関しては春学期の利用が圧倒的に多い（**表6-4**参照）。これは初年次教育でレポートについて扱う授業が多いということがいえる。また次に多いのが卒業論文を執筆する際のライティングセンターの利用である。卒業論文を執筆するために、教員からライティングラボを活用するような依頼が出されている。

一方で、初年次の秋学期以降ならびに4年時の卒業論文執筆までの間においては、レポートライティングそのものに関する授業が少なくなるため、学生のライティングセンター利用についても減少傾向にある。本来であれば、初年次でレポート作成の基礎を学び、その後、実際の授業時にレポートを執筆するプロセスを通じて、ライティング力を段階的に向上させ、卒業論文を執筆するための土台をつくることが望ましい。ただ、レポートで評定をつけることが少ない学部があったり、初年次教育だけでは十分にライティング力を育むことが難しい学生もいる。現在はユニバーサル時代であり、18歳人口の60％以上が大学に進学する社会となっている。学力試験を伴わない推薦入試やAO入試等で大学に入る学生も増えている。レポート作成の授業がないままであると十分にライティング力を向上させることが容易ではない学生も

表6-4　学生の利用

	ガイダンス	利用指示	合計
春学期	88	81	169
秋学期	31	50	81
合計	119	131	250

一部存在することになりかねない。ライティング力の向上に関しては、どの科目でどういった評定が実施されているのか、書く力を育むための授業をどの程度学生が受けてきているのかを考慮し、ライティング力を向上させるためのカリキュラムを整備することが望ましいといえよう。

4.3　授業におけるライティングセンターによる出張講義や反転授業の実施

　正課の授業においてライティングセンターの利用方法や文章作成の講座をライティングセンターが実施する出張セミナーを行うと正課との連携を促す有益な方略となりえる。学生は大学院生のチューターから指導が受けられると理解していても、顔を見たこともないライティングセンター教員やチューターに話すことに懸念する気持ちを抱く場合もあるが、ライティングセンターの教員からの説明を受けていると、ライティングセンターへ行くハードルが下がるようである。また、教員も授業で連携を依頼したい内容についてライティングセンターアカデミック・アドヴァイザーと相談をすることもできる。

　その際、ライティングセンターはどういったワンポイント講座が実施できるのかに関して情報を明示し、ワンポイント講座のコンテンツや所要時間などを予め教員が把握したうえで、具体的に必要な内容について依頼できるようにすることが望ましい。関西大学では現在以下のプログラムを提供している。プログラムはeラーニング教材のプログラムと連動しているため、学生が自主学習用に学ぶこともできる(詳細に関しては2章図2-9参照)。

　出張講義のプログラムと同様の内容で、eラーニング教材を公開している(岩崎2017)。どの教材も4〜8分程度で動画教材と小テストを提供している。こうしたeラーニング教材を正課のライティングの授業に活用することもできる。インターネットにアクセスできる環境があれば、学生は大学におらずとも、自宅や通学中に利用することができる。また卒業論文を執筆している学生は就職活動にも取り組んでいることが多い。就職活動中は大学に通うことが難しい学生もいるが、eラーニング教材を活用すると課外に学ぶことができる。

　ほかにも正課の授業でライティングに関する指導をする時間を十分に確保

することが難しい場合、学生は事前に講義の部分を視聴しておき、授業中は持ち寄ったレポートに対するピアレビューや教員によるコメントを行う（反転授業をすることができる）。教員が自分でライティングに関する一連のプロセスを扱った教材を開発するのは容易ではないが、ライティングセンターが提供する教材を授業にうまく組み込めば容易に授業に役立つ情報を学生に提供することができ、正課と正課外をうまくつなげることができる。eラーニング教材の小テストの回答についてはライティングセンターでも対応が可能である。

4.4. 学習支援における今後の展開

　正課と正課外における学習支援であるライティング支援に対して、今後の展開を4つの視点から考えてみたい。1点目は「学習支援による効果の測定」である。学習支援をした結果、学生がどのような力をつけたのかを分析することで、学習支援の効果と課題を明らかにできる。たとえば、テキストマイニング手法を使ったレポートの分析、学習者へのヒアリング、ルーブリックを用いたレポート評価等により学習支援の効果と課題を見出し、今後の学習支援に関する方向性を提案できる。これが明らかになると、学生にとってもライティングセンターの意義を認識することができるし、教員が学習支援の効果を具体的に把握したうえで、ライティングセンターを利用しやすくなる。

　2点目は、「授業科目との相互作用を高めるための授業や学習支援のデザイン」である。これまで述べたように「教員が課外にライティングセンターを利用するよう指示を出す」といった授業と連携をとったライティングセンターの活用事例が増えている。正課と正課外の学びを有機的につなげることで、学習者の可能性をより高められる。チューターは自立的な書き手を育てるために、学習者が決めた目標に沿いながら支援するが、学習者が自ら目標を立てることが困難な場合も多い。そのため、チューターは授業課題だけではなく、学生と共に短期や中期の学習目標、計画を立て、学習者が自立的に学ぶように支えている。このように学習支援では、従来の授業とは異なる教員と学生以外の第三者であるチューターが学習者の学びに関わる。教員、学生、チューターの関係性がいかに形成されており、学習の効果が出されているのかを分

析し、授業設計や学習支援のデザインに活かすこともできよう。

3点目は「チューターの育成」である。よりよいチュータリングは学習者の書く力の育成にもつながるため、チューター研修は非常に重要である。ライティングのスキルはもちろんのこと、コミュニケーション、質問技法など、チューターにどのような力を育成することが望ましいのか。チューター育成のために求められる研修のデザインを企画開発し、評価することによって、より学生や教員のニーズに対応することが可能になる。

4点目は、7章で扱っている「ICTを活用したライティング支援」である。北米をはじめとしライティング支援へのICTの導入が進んでいる。チューターがテレビ会議を使ってオンラインでレポート相談を受けたり、LMSを使って提出されたレポートにコメントを記述したりして(あるいは音声メッセージを添付して)返却する場合もある。オンラインのライティングを調査することで、オンラインとオフラインの違いや、配慮すべき点を明らかにできる。関西大学では学習者のライティング相談に関する情報を相談履歴システムに蓄積している。このデータを分析すると、学習者の利用層や課題傾向を明示化でき、今後の活動にも活かすことが可能になる。またオンライン教材があれば、チュータリングを受けずとも学習者が自立的に学ぶこともできる。

限定的ではあるがライティング支援に対する展望を4点取り上げた。今後は、どのような学習支援が必要になるのかについて各大学が検討し、その目標を立てる必要がある。大学が設定している3ポリシーと同様、学習支援に関してもポリシーを設定することで、全学的にどのような学習者層に対して、どういった学習支援を展開するのかを明確にする必要がある。

注

1 スポーツ推薦入試など、高等学校までの運動歴を考慮されて入学した学生を「学生アスリート」と定義する。関西大学では、スポーツ・フロンティア入試を経て入学した学生をSF入学生と呼称している。

参考文献

石黒圭(2009a)『よくわかる文章表現の技術Ⅰ―表現・表記編―[新版]』明治書院。

石黒圭（2009b）『よくわかる文章表現の技術Ⅱ―文章構成編―［新版］』明治書院。
井下千以子（2013）「思考し表現する力を育む学士課程カリキュラムの構築―Writing Across the Curriculumを目指して」、関西地区FD連絡協議会・京都大学高等教育研究開発推進センター（編集）『思考し表現する学生を育てるライティング指導のヒント』第1章、ミネルヴァ書房。
井下千以子（2008）『大学における書く力考える力』東信堂。
河合塾（2010）『初年次教育でなぜ学生が成長するのか』東信堂。
川嶋太津夫（2013）「高大接続と初年次教育」、初年次教育学会（編著）『初年次教育の現状と未来』第1部3章、世界思想社。
関西大学（2017）『HANDBOOK 2017―大学要覧―』。
関西大学総合企画室広報課（2017）『学校法人 関西大学総合案内2017 データ集』。
佐渡島紗織（2009）「自立した書き手を育てる：対話による書き直し」『国語科教育』66、pp.11-18。
中央教育審議会（2008）『学士課程教育の構築に向けて（答申）』
ベネッセ（2017）『第3回大学生の学習・生活実態調査』。
文部科学省（2015）『大学における教育内容等の改革状況について』。
山田礼子（2013）「日本における初年次教育の動向―過去、現在そして未来へ向けて」、初年次教育学会（編著）『初年次教育の現状と未来』第1部1章、世界思想社。
Pascarella, E. and Terenzini, P., 1991, How college affects students, San Francisco: JosseyBasshttp://berd.benesse.jp/koutou/research/detail1.php?id=5169（2017年10月10日閲覧）

第7章

ICTを活用したライティング支援

岩﨑千晶

　ライティング支援を実施する際に、ICT（Information Communication and Technology）が活用されている。たとえば、テレビ会議システムを活用したオンラインライティング支援やライティングに関するeラーニング等が挙げられる。ICTを活用することで、多様なニーズを抱える学習者に対してより効果的な学習支援を展開できる可能性を高めることができる。本章では、オンラインライティング、eラーニング、ロボットを活用したライティングに関する取り組みを取り上げ、今後ICTを活用していかにライティングを実施していくことが望ましいのかを検討する。

1. ライティングにおけるICTの活用

　ここ10年で「高等教育とFD」分野で扱われる内容はずいぶんと様変わりした。文部科学省によるアクティブ・ラーニングが推進され、ティーチングからラーニングへのパラダイムシフトがおき、学生がいかに学びを深めることができるのか、課外においても学びに従事しやすいような環境には何が必要かと、各大学は工夫を凝らしている。たとえば、大学はラーニング・コモンズを整備したり、コモンズでレポートの執筆相談や授業で出された課題について相談できる場を設置したりして、学生が自立的に学ぶことができる環境を構築しようとしている。この学びを支える活動が学習支援である。
　学習支援では学生が自ら課題に気がつき、目標を立てて、課題を解決していく力を培うことを目指している。支援者が学生のレポートやテストの解

答に添削をすることを指すのではない。つまり、学習支援とは、自立的な学習者を育むことを目指して、学習者の単位取得や学びの質を向上するために、大学がアカデミック・スキルやリメディアル教育等の教育プログラム、ライティングや外国語に関する学習相談の機会、学生が自主的に学べる教材やeラーニング、TAやチューターといった教育補助者を配置した学習活動等を提供することである (岩崎 2017a)。

日本で学習支援が展開されるようになった歴史はまだ浅いが、北米では1960年代から学習支援が行われている。北米で学習支援に関する研究教育活動を展開しているCRLA (College Reading & Learning Association) によると、1960年代初旬以降、大学は政府の助成金を活用し、マイノリティや低収入の学習者向けに中退を予防して学生を確保するために学習支援を始めた。1970年代に入ると、大学はこれまで限定的であった学習支援の対象者を全学生へ広げ、学生がより優秀な成績で卒業するための学習支援も実施し始めた。日本では2000年代半ばごろから先駆的な大学において、学習支援が展開されるようになっていった (Sheets 2012)。

学習支援には、書く力、数的な知識を育むための教育プログラムを提供する「①アカデミックスキル育成プログラム」、学習支援室やライティングセンターにおいて課外に学習相談ができる「②学習支援」、「③学習教材の提供」、大学生活に関わる「④学生支援」、「⑤奨学金制度」の5つが挙げられる (Kerstiens1995)。

中でも「②学習支援」に関しては、北米では、ライティング支援や理工系の学習支援など、ある分野の課題を解決することに特化した支援を行うチュータリング、学問分野にこだわらず、履修相談や学習計画の相談等を受け付けるメンタリング、12名程度のグループを作ってチューターが授業の質問を受け付けたり、課題を共に解いたりするスタディグループ、履修が困難な科目をグループで受講させ、グループにチューターがつくSI (Supplemental Instruction) の取り組みが実施されている (Tinto 2004)。

一方、日本ではチュータリングやメンタリングを中心に学習支援が展開されている。そのなかでもライティングに関するチュータリングを行うライティ

ングセンターを導入する大学の数が増えつつある。ライティングセンターの多くは文章添削ではなく、学生が自ら課題に気づき、文章を書き直す力を培うことを目指している。学生がレポートの改善点を把握できていない場合は、チューターはレポートの課題を抽出し、その改善方法を学生が自ら把握できるよう、対話や質問を重ねて、レポート作成を支援する。日本ではこうしたライティング支援は対面で実施されることが主流である。しかし、北米ではICTを活用したオンラインチュータリングも積極的に実施している。たとえば、ハワイ大学ではオアフ島以外の島にもキャンパスがあるため、他の島のキャンパスの学生に向けて、あるいはオンラインコースを受講している学生に対してオンラインでライティング支援をしている。このようなICTを活用したライティング支援は日本で十分に展開されておらず、一部の先駆的な大学がオンラインチュータリングをしているに留まっている。

　今後、ユニバーサル化した大学には、さらに学習動機や学力において多様性のある学生の入学は増えることが予想でき、ライティング支援に対するニーズは高まることが想定される。ICTを活用することでますますライティングセンターの運用やライティング支援の効果を高めることが望まれるといえよう。そこで本章では、オンラインチュータリング、eラーニング教材の提供、ライティング支援を評価するシステム、テレプレゼンスロボットを活用したライティング支援などICTを活用したライティング支援の事例についてその効果と課題について述べ、大学での実用に向けての利用方法について検討する。

2．オンラインでのライティング支援

　オンラインには、同期と非同期のチュータリングがあげられる。同期のライティング支援に関しては、1) チャットシステムを利用した文字ベースによるオンライン学習支援、2) Skype等のインターネット電話を活用したオンライン学習支援、3) ホワイトボードや画面共有機能を有したテレビ会議を活用した学習支援がある。非同期では、4) 電子メールを利用した学習支援、5) eポー

表7-1 ライティング支援の種類

	同じ空間	違う空間
同じ時間	対面のライティング支援	1) チャットシステムを利用した文字ベースによるオンライン学習支援、2) Skype 等のインターネット電話を活用したオンライン学習支援、3) ホワイトボードや画面共有機能を有したテレビ会議を活用した学習支援
違う時間	ライティングセンターのPCに設置されたeラーニングシステムを活用したライティング支援など	4) 電子メールを利用した学習支援、5) e ポートフォリオシステム等学生がレポートを蓄積しておけるシステムを利用した学習支援、6) LMS のようなオンラインクラスルームを活用したライティング支援

トフォリオシステム等学生がレポートを蓄積しておけるシステムを利用した学習支援、6) LMS のようなオンラインクラスルームを活用したライティング支援がある (Ryan and Zimmerelli 2016)。

　オンラインライティング支援の効果としては、学生が時間や場所を選ばずに支援を受けることが挙げられる。4年生になれば教育実習や就職活動で大学に出向くことが難しい学生もオンラインであれば容易に支援を受けられる。また、初対面のチューターと話すことが懸念される学生にとっても不安がなく支援を受けることができる。留学生の場合は文字でやり取りすることにより、話すスピードについていけない等の心配をする必要もなくなる (Ryan and Zimmerelli 2016)。

　Maryland 大学では、文章でライティング支援を行う場合のコメントをテンプレートとして提供し、適切なコメントを共有するようにしている。一部を**表7-2** に示す。

　上記のフォーマットに沿ってチューターは、学生の文章にコメントを残す。文書ファイルの履歴機能を活用して添削をするような形式ではなく、レポート全体を確認して、自分で改善できるようなコメントをするようなイメージでチューターは返信をするように心がけている。オンラインの場合、チューターはレポートを編集する傾向にある。とりわけ初任のチューターは特にその傾向が強いため、オンラインでの履歴機能の利用を禁止するライティング

第 7 章　ICT を活用したライティング支援　181

表 7-2　オンラインチュータリングによるコメントの一例

【XXXXX】さん

【科目名】のレポート送付ありがとうございます。チューターの【　氏名　】です。ライティングセンターではレポート作成のどんな段階においても支援できますので、レポート執筆で躓いたときや作成したレポートのドラフトを確認してほしいときはいつでもいらしてくださいね。

・全体に向けての助言
・課題で求められていること
・理論や構成
・調査
・フォーマットや引用
・文法

・全体を振り返ってのまとめ

センターもある (Ryan and Zimmerelli 2016)。

　関西大学では A キャンパスのチューターが、B キャンパスの受講生へ Skype を活用したオンラインライティング支援を実施している。A キャンパスは 10 学部が設置されているため、大学院生(博士課程)の数も多く、現在約 20 名のライティング支援に取り組むチューターがいる。ライティングセンターは週 5 日開室している。一方、B キャンパスは単一学部であるため、大学院生(博士課程)であるチューターの数を確保することが容易ではなく、週 2 日の開室に留まっている。そのため、開室曜日を増加させるために、オンラインライティング支援に取り組み始めている。オンラインでライティング支援を受けた学生(13 名)にインタビュー調査を実施したところ、「自分のパソコンでレポートの画面を開きながら操作ができるため、相談内容をすぐにレポート改善に活かすことができる」「自宅からでも相談ができるのが便利」といった声があげられている。Skype を活用したチュータリングでは、レポートの画面を共有することで、学生がどの部分の指導を受けているのかを理解しやすく、気づいた点をすぐに画面共有しているデータに書き込めることが利点として示された。その一方で、オンライン支援ならではの課題も挙げられた。

通常のライティング支援の場合、チューターは学生の発言だけではなく、表情を見ながら、セッション内容に対する理解度を確認している。同様に、学生もチューターの表情を見ながら自分の発言がチューターに伝わっているのか、そうではないのかを判断している。ヒアリング結果からは、学生からは「沈黙があると自分の意見が伝わっているのか不安になる」といった意見が寄せられた。また、チューターからは「相手が黙っていると説明が十分ではなかったかと懸念し、補足説明をしてしまう」と意見が寄せられた。Skypeでは相手の細かな表情に関する情報が取りこぼされる可能性もある。チューターは対面の時以上に注意をはらい、相手が話の内容を理解しているのかを尋ねたり、発言が途絶えた際は意見を整理しているためなのか、内容を理解していないのかを見極めるような質問をしたりする等して、学生の状況を観察し、解釈した上でライティング支援をする必要がある。ライティングセンターには、そのための方略を明らかにし、チューターに研修をする必要が求められる。

3．書く力を育むeラーニング教材の開発

　学習者の自立的な学習を促すために、北米のライティングセンターでは学習者が学びたいときに自分のペースで学習できるeラーニング教材を開発、提供している。加えて、就職活動中で大学に出向くことが難しい学生や、学習障害等で初対面のチューターとライティング相談をすることが難しい学生も存在する。さまざまな状況を抱えた学生にとって、時間と場所を気にせずに提供できるライティング用eラーニング教材を活用することは今後さらに重要になるといえよう。

　岩﨑ほか (2017b) はBransford and Barry (1984) のIDEAL Problem Solving MODELを援用し、ライティング用のeラーニング教材を開発している。IDEALモデルは「Identify problems and opportunities（問題を探す）、Define goals（目標を特定する）、Explore possible strategies（課題解決の方略を探る）、Anticipate outcomes and act（学習で活かす）、Look back and learn（学習をふりかえる）」というプロセスを経て、学習者が主体的に学んでいくことを目指している。具体的には、IDEALモデルの

「IDE」で教材の構成を行い、「AL」で教材を活用することにした。

　まず、教材を開発する際に問題を探し、目標を特定するため、1) ライティングセンター利用履歴の分析結果、2) 初年次学生によるライティングセンター訪問前と後のレポート分析、ならびにライティング指導にあたるチューターによる活動報告書の分析結果を活用した。

　1) に関しては、2012 年秋学期、2013 年春学期のデータ (629 件) を基にレポート執筆の何に学習者がつまずいているのかを明らかにした (岩﨑ほか 2013)。また 2016 年のデータ (1356 件) を基に、どのようなレポートに課題を抱えている学生が多いのかを分析した (多田ほか 2017)。その結果、2012、2013 年度の分析からは、レポートの構成、表現、引用、準備、レポートの基本的な書き方について学習者が課題を抱えていたため、これらの課題を基に教材を構成した。また 2016 年度のデータからは、春学期は初年次教育に取り組む 1 年生、秋学期は卒業論文で 4 年生の利用が多いことが分かったため、学年に適したコース作成が望ましいことが明らかになった。学部別では理工系の利用が圧倒的に少ないことが明らかになり、理工系への教材を充実させることが示された。

　2) に関しては、レポートの表現、文章内容の補足、文章構成に関して課題が見受けられた。とりわけ文章表現に関しては話し言葉と書き言葉の理解における般化が困難であったことや、文章構成や意味の通じる文章内容の補足に関してはチューターによる具体的な指示がないと自ら改善することが容易ではないことが明らかにされた (岩﨑・實渕 2013)。そこで教材には、文章表現は具体的な事例を取り入れるようにした。構成や内容補足に関しては概要を取り上げるにとどめ、e ラーニングよりもライティングセンターにおける支援でサポートを行うようにした。

　以上のような Identify problems and opportunities (問題を探す)、Define goals (目標を特定する)、Explore possible strategies (課題解決の方略を探る) のプロセス、開発者の協議を経て 5 ユニット 29 レッスンを開発した (**表 7–3** 参照)。e ラーニングではまず映像 (4〜8 分程度) を視聴し、そのあと小テストを受け、自分で理解度を確認することができる。

表7.3 eラーニング教材の内容

ユニット名	教材内容
【1】レポートって何？どうやって書くの？（6レッスン）	「文章を書く」とは、レポートの種類、レポートの書き方、レポートのレイアウト
【2】考え（書きたいこと）を整理するには？（9レッスン）	文献・情報収集の方法、情報検索、文献リスト、引用・剽窃、リーディング、レポートのテーマを設定する、レポートのアウトライン、実験ノート
【3】考えを表現するには？レポートを書いてみよう！-構成編-（7レッスン）	いろいろなレポート・論文の構成、タイトル・見出しの作り方、基本的な章・節の書き方、実験レポートの書き方、論理の展開、論理的な構成、主張に対する根拠の提示
【4】考えを表現するには？レポートを書いてみよう！-表記表現編-（5レッスン）	主語と述語の対応（ねじれ文、文の長さ等）、レポートで使える表現（話し言葉と書き言葉、文中・文末表記等）（副詞・接続詞表現等）（ナンバリング、具体的な表現等）（句読点・助詞・数字の表記等）
【5】レポートを見なそう！（2レッスン）	提出前の最終確認、ピアレビュー、ルーブリックの活用、ライティングセンターの紹介

　本教材は、学生が自分で必要なコースを選択して学ぶ「①自主学習」として利用することに加えて、「②ライティングセンターの補助教材として学習者の自立的な学習に合わせた学習・指導のための利用」「③教員が正課の授業における利用」を想定している。

　「①自主学習」は、自らの課題を把握している学生が、その課題を解決するためにオンデマンドで利用する。「②ライティングセンターの補助教材として学習者の自立的な学習に合わせた学習・指導のための利用」は、自分の課題がどこにあるのかを十分に把握できていない学生がライティングセンターのチューターのサポートを受けて、コースを選択して学んでいく。「③教員が正課の授業における利用」は、教員が授業の補助教材として利用しやすいように、また教材を学生に紹介し自主学習を促すことを想定している。利用を促すために、29レッスンを基に、「1時間ちょっとで学ぶ論証型レポートライティング10レッスン」「初年次教育コース」「文系卒論コース」「理工系実験レポートコース」「参考文献の達人コース」等、複数のレッスンを組み合わせたコースを開発している。またこうしたコースは反転授業の教材として授業に組み込むこともできる。

本教材を評価するために、2017年秋学期にeラーニングを利用した「教育方法技術論」の受講生66名にアンケート調査評価を実施した。受講生は「1時間ちょっとで学ぶ論証型レポートライティング10レッスン」コースのeラーニング教材を利用し、その後アンケート調査をうけた。

　調査の結果、「eラーニングを終えて、自分の文章作成の問題点はどこにあると考えましたか（自由記述）」に対して、「主語と述語が一致していないことを確認することができた」や「気をつけてはいるつもりだったが、意外と話し言葉と書き言葉の（小テストの）問題で失点していたので、今まで作ってきたレポートにも話し言葉で書いてしまっている場面があるのではということを思った」等文章の表記表現に関する課題への気づきがあったことが示された。

　また、「結論を明確に表現すること」「軸になる考えがいつもぶれていたのでまとまらなかったのだと気づきました」「字数を考えながら、アウトラインを作成する必要性があると思った」等、文章の構成に関して改善点を把握していることも見受けられた。

　「eラーニング教材を使って、良かったと思った点」に関しては、「今後、卒論だったり、レポートや就活の際に文章を書く機会が増えると思うので、この教材で学ぶことができてよかった」「口語表現や文末処理等はeラーニングを使ったおかげで実践することができた」等、eラーニング教材を通してライティングに関する知見や学習の機会を得たことによる良さが提示された。また「分かっているつもりでも、最後の確認問題で実は分かっていないこともあることに気づけたので良かった」「復習する時間があったので定着しやすかったです」といった小テストで自分の理解度を確認できること、何度も映像を視聴できること等eラーニングならではの効果も指摘された。

　一方、課題としては、「インターネットを使用するため、電波の悪いところではなかなかうまく繋がらなかったりする」「自由記述の問題は、あっているのか間違っているのか採点がすぐにされないので結果がすぐわからず、あまりeラーニングに向いていないのではないかなと思った」等の意見が寄せられた。システムの改善に関しては、ITセンターの協力も得ながら対応する必要がある。自由記述の採点に関しては、限界があるため今回はライティングセ

図7-1　eラーニング教材の画面

ンターで確認をするように促しているが、学生にとってはすぐに回答を知りたいという意見があり、今後オンラインで対応する等も検討する必要があるだろう。今後はeラーニング教材を活用したライティングに関する反転授業やライティングセンターでのライティング支援を補足する教材としてどのような効果があるのかを調査していく必要がある。

4．ライティング支援を評価するシステム

　ライティング支援を評価するためにもシステムを活用できる。関西大学ではライティングの予約、ライティング相談の内容やコメントを受けつけるTec-Systemを開発している（5章参照）。TEC-systemは、オープンソースの学生のライティング/キャリア支援に特化したウェブシステムで、TEC-bookとTEC-folioで構成されている。TEC-bookは、ライティングセンターにおける学生からの予約、チューターのシフト登録、指導履歴の蓄積を確認することができる。またTEC-folioは、ポートフォリオとして自らの学習履歴を蓄積すること、ルーブリックを活用して学習を評価することが可能である（関西大学・津田塾大学大学連携協同教育推進事業 2016）。

　特にTEC-bookでは、学習者の利用履歴、利用内容、チューターからの助言

内容を確認できるため、システムに蓄積された情報を分析することで、学生が抱えている課題を提示できる。そこで関西大学ではこれまでに TEC-book に蓄積されたデータを分析し、学生が抱えている課題や学生のライティングセンターへの訪問時期を明らかにすることで、ライティング支援の評価をしている。

　岩﨑ほか (2013) では、TEC-book に蓄積された 2013 年秋学期と 2013 年春学期にライティングセンターを活用した学生の相談記録 629 件 (春学期：458 件、秋学期：171 件) を分析し、年間を通した相談内容や時期の傾向を分析した。調査の結果、論証型レポート (220 件)、学習レポート (169 件)、卒業論文 (81 件) レジュメ (53 件)、読書レポート (25 件)、志望理由書 (21 件) 等があげられ、どのような文書の相談が多いのかに関する傾向を明らかにしている。相談内容に関しても、全体的な確認 (259 件)、執筆準備 (111 件)、表記表現 (84 件)、構成 (176 件)、文献利用 (53 件) 等、どのような点に関する課題が多いのかを明示している。このように、相談履歴を分析することで、学生の相談傾向が明らかにできる。学生のつまずきを教員にフィードバックすることで授業に活かすこともできる。加えて、チューター研修の中で扱うことで、より質の高い学習支援を展開することにつなげることができると考える。

　また椿本ほか (2013) は、小論文をグループで共同推敲できるシステムを開発している。システムを活用することで、ピアレビューを実施しやすい環境を整備している。ほかにも Turnitin 社では、オンラインでライティング支援ができるシステムを提供している。Turnitin (2017) では、論文で引用をしている箇所があれば、それが適切な引用になっているのかを確認できるシステムとなっている。また、音声やテキストで学生のレポートにコメントを残すことが可能である。予め学生が良くつまずく課題に対しては、コメント集を用意しておき、レポートにコメントをする際に一貫性を持たせることができるようなシステムとなっている。

5. ロボティクスを活用したライティング支援

　急速な ICT 技術やロボティクスの進歩により、今後ロボットや AI を活用したライティング支援に関する研究も必要になるであろう。そこで、試行的にオリィ研究所が開発したテレプレゼンスロボット OriHime を活用したライティング支援の実験を実施した。テレプレゼンスロボットはテレビ会議、ロボット、遠隔技術を融合させ、身体動作を伝達することで、遠隔地にいる相手に存在感を伝えるものである。OriHime は、AI や自動制御機能は整備されておらず、カメラ、マイク、スピーカーを搭載しており、オペレータが操作することによりエージェントとして動く。オペレータは iPad のアプリケーションを使って、OriHime のカメラから相手の状況を確認し、音声でやりとりができる。また、OriHime の頭や腕を動かすことも可能である。OriHime は「うんうん」「いいえ」「頭を下げる」「ぱちぱち（拍手）」「なんでやねん」「うぅん」の 6 つの動作が可能である。これ以外に、自分で頭を動かしたりすることができる。スタッフ側の OriHime 操作画面を**図 7-2** に示す。

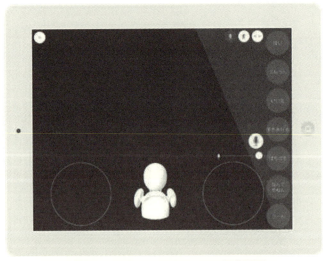

図 7-2　スタッフ側の OriHime 操作画面

（オリィ研究所 2017）

OriHime の利用については、訪問したい場所に OriHime を設置し、ネットを介して、オペレータが OriHime を操作しその場所にいる人と会話ができる機能を持っている（オリィ研究所 2017）。大久保・永沼（2017）は OriHime を使って高齢者へのリハビリテーションとしてロボット・セラピーを実施している。最近ではこのロボットを教育の場面に活用することがでてきている。たとえば、山本ほか（2017）は特別支援学校の学生がコミュニケーション力を向上させるために OriHime を活用している。また Hashimoto et.al（2011）は教室のなかに独自に開発したテレプレゼンスロボットを置き、教員役をさせる実践をしている。この機能を活用すれば、チューターが出向くことが難しい遠隔地のキャンパスにいる学習者に対しても学習支援を実施できる。また Skype ではどこを注視していいのか判断に迷うという課題も指摘されており、それを解決する手段のひとつとしてもテレプレゼンスロボの可能性が期待されている（宇野ほか 2014）。

そこで OriHime を活用して、10 学部が設置されているメインキャンパスである A キャンパスのチューターが、単一学部である B キャンパスの学生へオンラインライティング支援を実施した。利用のイメージ図を図 7-3 に示す。すでに 2 節で提示した B キャンパスの学生に対して、Skype を活用したオンライン支援に加え、OriHime を活用したライティング支援に取り組んだ。遠隔地にあたる B キャンパスに OriHime を設置し、A キャンパスにチューターがいるという状況である。

図 7-3　利用のイメージ図

図 7-4　OriHime と相談している学生

　学生側には OriHime を設置し、学生は OriHime に向かって相談をする。チューターは iPad を操作し、OriHime から学習者に話しかけ、学習支援を行う。実際の相談の様子を図 7-4 に示す。
　この仕組みを用いて、B キャンパスの 3 年生の専門演習ゼミの受講生 13 名に OriHime を活用したライティング支援を行った。各学生が 1 回のみ OriHime と相談をした。今回の試行的な取り組みに関する学生へのヒアリングの結果では、「OriHime でも Skype でも自分が聞きたい質問の答えはかえってきました。納得はしました」等、学生が疑問に思っていた点を改善できるのであればツールにはこだわらない学生がいた。ほかにも「Skype にも OriHime にも変わりはないですね。だってやっていること一緒じゃないですか」といった意見もあった。また「OriHime のほうが話しやすさはあります。会話ということであれば、OriHime の方が、緊張感がなくなるので」と、対面よりも OriHime の方が話しやすいと考える学生がいることもわかった。
　その一方で、相手の考えを十分に理解できないため、OriHime を使ったライティングを好まない学生もいた。ヒアリング結果では「OriHime やったら、相

手の考えもわからないから。きまずいというか。文章を読んでいるのか、意味が通っていないのか判断しきれない」「ロボットやから、反応がわからない。手は動くと思うけど。自分も相手の人の表情を見たいというのがあって。声だけやったんで」という意見が挙げられた。OriHimeを活用したライティング支援に関しては、文章の構成に関する相談、表記表現の確認等どの箇所に関してライティング相談をしたいのか、またどのような形で学習を進めたいのかや、学習者のコミュニケーションスタイルなどが影響していることが推測される。現在この取り組みに関しては試行的な取り組みとして緒に就いたばかりである。本格的な評価や実用可能性に関しては今後調査を重ねる必要がある。

6．ICTを活用したライティング支援におけるデザイン要件

　本研究ではオンラインチュータリング、eラーニング教材の提供、ライティングを支援するシステム、テレプレゼンスロボットを活用したライティング等ICTを活用したライティング支援の動向について述べるとともに、事例を分析することから、その効果と課題についてについて言及した。

　調査の結果、Skypeやテレプレゼンスロボットを用いたオンラインチュータリングでは、遠隔地にいる学生、またコミュニケーションスタイルに特徴を持つ学生など多様な学習者に対応する支援が提供できることが明らかになった。また、チューターを多数抱えることの難しい単一学部のキャンパスの学生に対して支援ができるなどの効果も見受けられた。ただし、「レポートのテーマを絞る」「構成を考える」「出来上がったレポートを振り返る」等、どの段階の相談なのか、また「チューターに尋ねたい問いがクリアになっているのか、そうでないのか」によって対面でのライティング支援が好ましいことも推察された。今後はさらに調査を進め、レポート相談の内容によって、どういった方略を用いた支援をすることが望ましいのかについて研究を進める必要がある。多様な学習者に対応するために、ICTならではの効果と課題を踏まえたうえで、対面にこだわらず、新しい可能性を検討しながら、今後のライティ

ング支援を実施していく必要がある。

謝　辞

調査に協力いただきました方々、ライティングチューターの方々、ライティングラボアカデミック・アドヴァイザーの多田泰紘先生に心より感謝申し上げます。

付　記

本章は岩﨑千晶(2018)「高等教育におけるICTを活用したライティング支援の方法―次世代を担うWRCの学習環境を考える―」関西大学高等教育紀要第9号 pp.27-pp.36. に掲載された論文を再構成したものである。また文部科学省科学研究補助金・基盤研究(C)(研究課題番号16K01143)、平成28年度関西大学教育研究高度化促進費「アカデミック・ライティング力を育むための教育システム開発とデザイン原則の導出」の一部である。

参考文献

井下千以子(2008)『大学における書く力考える力』東信堂。
岩﨑千晶・稲葉利恵子・小林至道・本村康哲(2013)「ライティングセンターにおける相談記録の分析―学生からの相談事項に着目して―」大学ICT推進協議会2013年度年次大会プログラム集、T1A-7。
岩﨑千晶・實渊洋次(2013)「初年次教育においてライティングセンターを活用した学生のレポートとTAによる相談記録の分析」第29回日本教育工学会全国大会講演論文集、pp.249-250。
岩﨑千晶・千葉美保子・遠海友紀・嶋田みのり・村上正行(2017a)「ラーニング・コモンズを主軸とした学習環境・学習支援のデザインを考える」大学教育学会誌、第39号第2号、pp.105-109。
岩﨑千晶・多田泰紘・佐々木知彦・古川智樹・山田嘉徳・中澤務(2017b)「高等教育における日本語アカデミック・ライティングeラーニング教材の開発とその活用」日本教育工学会第33回全国大会講演論文集、pp.377-378。
宇野弘晃・田中一晶・中西英之(2014)「テレプレゼンスロボットの自動相槌による遠隔対話経験の想起」情報処理学会研究報告ヒューマンコンピュータインタラクション(HCI)、6、pp.1-4。
大久保英・永沼充(2017)「通信回線を用いた遠隔操作ロボットによるRAR環境の構築」帝京短期大学 教育研究報告集5号、pp.39-41。

オリィ研究所 http://orylab.com/（情報閲覧日 2017 年 1 月 4 日）。
関西大学・津田塾大学大学連携協同教育推進事業 (2016)「〈考え、表現し、発信する力〉とライティング／キャリア支援 2016（平成 28）年度報告書」pp.60-61。
多田泰紘・岩崎千晶・竹中喜一・中澤務 (2017)「関西大学における全学的ライティング支援〜ライティングボの取り組みと支援体制の再構築〜」、関西地区 FD 連絡協議会総会。
椿本弥生・高橋薫・北村智・大辻雄介・鈴木久・山内祐平 (2013) 通信教育における意見文の協同推敲を支援するグループ編成方法の開発と評価、日本教育工学会論文誌 37 (3)、pp.255-267。
山本良太・久保田賢一・岸磨貴子・植田詩織 (2017)「支援学校教師の主体的な行動を促す外部人材との連携に関する研究 テレプレゼンスロボットの活用を事例として」『教育メディア研究』24 (1) 1、pp. 89-104。
Bransford, John D, Barry S. Stein (1993) *The Ideal Problem Solver: A Guide for Improving Thinking, Learning, and Creativity*. W H Freeman & Co 2nd edition.
Hashimoto, Takuya, Kato Naoki, Kobayashi Hiroshi (2011) Development of Educational System with the Android Robot SAYA and Evaluation, *International Journal of Advanced Robotic Systems*, Vol. 8, No. 3, Special Issue Assistive Robotics, 51-61.
Kerstiens, G. (1995) A Taxonomy of Learning Support Services. In Mioduski, S. and G. Enright (Eds.). *Proceedings of the 15th and 16th Annual Institutes for Learning Assistance Professionals* : 48-51.
Sheets A. R. (2012) Peer Tutoring and Tutor Training : A Historical Perspective. Karen, Agee,「Russ Hodges (2012) *Handbook for Training Peer Tutors and Mentors*, Custom Pub.
Maryland University, University college's effective writing center's advice template on page100, http://www.umuc.edu/current-students/learning-resources/writing-center/writing-resources/writing-advice-samples.cfm（情報閲覧日 2017 年 1 月 4 日）
Ryan, L., Zimmerelli, L. (2016) *The Bedford Guide for Writing Tutors 6th Edition*. Bedford /St. Martin's
Tinto, V. (2004) Student retention and graduation: Facing the truth, living with the consequences. THE PELL INSTITUTE for the Study of Opportunity in Higher Education. https://files.eric.ed.gov/fulltext/ED519709.pdf
Turnitin http://www.turnitinuk.com/ja/（情報閲覧日 2017 年 1 月 4 日）

第8章

ライティングセンターにおける英語ライティング支援

飯野朋美

　アメリカの大学ライティングセンターにならう形で、2000年代半ば以降、日本の大学でライティングセンターが設立されるようになった。当初は英語ライティングを支援するセンターの設立が目立った。そして第1章でも触れたように、初年次教育におけるライティング教育の重要性が認識されるようになると、日本語ライティングの支援を行うセンターの設立が多くみられるようになった。

　一方で、グローバル化のなかで、学術研究成果を世界に向けて発信していくことの重要性が強調され、「英語で書くこと」への支援の需要がこれまで以上に増えていくことが考えられる。大学における英語教育の一環として、また将来的に英語で論文を書くための力をつける場として、ライティングセンターはどのような支援をすることが可能だろうか。本章では、アメリカの大学ライティングセンターにおける授業カリキュラムとの連動やESL(English as a Second Language: 英語を第二言語とする)学生に対する指導、プロセス・ライティングの考え方を参考にして、ライティングセンターによる英語ライティング支援の可能性を考える。

1．日本の大学ライティングセンターによる英語ライティング支援

1.1　ふたつの大学の例

　日本のライティングセンターの状況については、いくつかの聞き取り調査による報告がある。英語ライティング支援を行っている大学に関する報告(吉田・Johnston・Cornwell, 2010、木村ら, 2015)と各大学のウェブサイトに掲載された

情報から、大阪女学院大学と東京大学の例を見てみたい。

●大阪女学院大学ライティングセンター
　http://www.wilmina.ac.jp/oj/ [1]
2004年、学習支援センター（Self-Access & Study Support Center=SASSC）に設置。SASSCでは、reading、writing、grammar、pronunciationなど英語学習に関する支援を行っている。同大では卒業論文を英語で書くなど、英語ライティングに力を入れていて、SASSC内に常設されているライティングセンターでは、エッセイや論文の指導にあたる。「海外の大学で要求されるレベルの文章」を目指して英語母語話者の教員が指導に当たっている。

●東京大学駒場ライターズ・スタジオ
　http://ale.c.u-tokyo.ac.jp/ale_web/index.php/ja/support-jp/kws-about-jp
2008年に理系学部1年生を対象としたActive Learning of English for Science Students: ALESSのサポートを行う機関として設立された。ALESSは理系学生が英語での論文執筆を習得するための必修科目。2012年には文系学部1年生のためのActive Learning of English for the Students of the Arts: ALESAが開始され、文系学生も利用している。また、ライティングのみならず、スピーキングやプレゼンテーションなど英語力向上のための支援を行っている。

　いずれも、正課科目のライティング教育カリキュラムと連携して支援を行っている。大阪女学院大学の場合は、4年間を通して英語力を向上させるプログラムの一環として位置づけつつ、英語論文執筆という目標に向けた支援を行っている。東京大学では、英語論文の作成方法を学ぶ授業との連携により支援を行っている。学生の「書く力」をつけるという意味で、目標がはっきりしている授業と連携し補完的に支援していくことは、英語ライティング支援ではとくに有効であろう。

1.2　英語ライティング支援＝文法チェック？

津田塾大学では、2008年にライティングセンターが設立され、当初は日本語相談のみを行っていたが、2013年から、英語母語話者の非常勤教員による英語相談に対応している。英語相談を開始するにあたり、いくつか検討しなければならないことがあった。それは、ライティングセンターは「文法チェックをするところ」「宿題を手伝うところ」という誤解を生まないように、そしてセンターによる支援の意義を理解してもらうためにはどうしたらよいか、ということである。

ライティングセンターが「添削をするところ」であるという誤った認識は、日本語ライティング支援でもよくぶつかる問題である。文章を添削するのではなく、学生の「気づき」を促し、自立した書き手として成長する手助けをするのがライティングセンターの理念であることは、どのセンターでも共通しているだろう。日本語の相談では、実績を積むうちにある程度その理念が効果を生み、周囲からも理解されるようになるのだが、英語ライティングとなると、状況が異なる。学生の「英語で書く力」をどのように伸ばしていくか。そもそも英語で書く力とはどのようなものか。アメリカのライティングセンターの例がヒントになる。

2. アメリカの大学ライティングセンター事情

2.1 ライティング教育とライティングセンター

アメリカでは現在、ほとんどの大学にライティングセンターがあるといわれている。Sharon A. Myers は、ライティングを語学の技能のうちもっとも上級で難しい技能であるとし、第一言語であっても、大学レベルのアカデミック・ライティングは難しいと認めている (Myers, 2003)。このように英語を母語とする学生のライティングを支援するセンターがそれだけ普及していることを考えれば、英語が外国語である日本人学生の英語ライティングに対する支援はよりきめ細かに行われなければならないだろう。

私たちは、2012年からの5年間の取組期間中に、アメリカの12大学のライティングセンターを視察した。共学、女子大学、総合大学、単科大学など、

大学の様相はさまざまだが、ライティングセンターのあり方には共通するものがみられた。たとえば、2大学を除くすべての大学で、学部生または大学院生のチューターが採用されていることと、ほとんどの大学で正課授業との連携が行われていることである。日本でも学生チューターの採用は行われているが、チューターの研修制度が確立されていることに加え、その前提となる学校教育でのライティング教育がしっかり実践されていることの証でもあろう。

アメリカでは、1970年代半ばから、Writing-across-the-curriculum（WAC）という考え方が広まった。これは、学生の「書く力」を伸ばすために、国語（英語）の授業だけでなくどの科目でもライティング教育を取り入れようという考えである。

Muriel Harris は、ライティングセンターの典型的な目的を「WAC に沿って、個別にチューターとの協働で、学生の書く力をつけることと、授業内容を補完すること」であると述べている (Harris, 1988)。では具体的には、どのような授業との連携が行われているのだろうか[2]。

●スタンフォード大学 Hume Center for Writing and Speaking

　https://undergrad.stanford.edu/tutoring-support/hume-center/writing

Program in Writing and Rhetoric（PWR）という正課プログラムの立ち上げ時に設立され、密接に連携している。PWR は週2回実施される1クラス 16 名以下の少人数クラスで、初年次向け、2年次向け、さらに応用コースがある。学生がそれぞれの関心に応じて論文を書き上げることを目的としている。

50 名ほどいる PWR 担当の専任講師が、センターでチューターとして相談業務にあたっている。

●ブリンマー大学 The Bryn Mawr Writing Center

　http://www.brynmawr.edu/writingcenter/

新入生はフレッシュマン・セミナー（Emily Balch Seminar）が必修である。リーディング、ライティング、クリティカル・シンキングに力を入れている。さまざまな分野のセミナーが開講され、ライティング課題がたびたび課される。

その過程で学生はライティングセンターを利用する。

●ペンシルベニア大学 The Marks Family Writing Center
　http://writing.upenn.edu/critical/wc
　1年次に全員が Critical Writing Seminars を受講する。1クラス 12 名か 16 名。Critical Writing Program の教員が、分野を問わず同セミナーを担当する。セミナーでの課題について、補完的に指導を受けるためにライティングセンターを利用する学生が多い。

●ウェルズレー大学 Writing Program
　http://www.wellesley.edu/writingprogram
　ライティングをアカデミック・スキルズのひとつとしてだけでなく、生涯にわたって重要となる技量と位置づけ、大学教育全体のなかでも重視している。新入生は、必修科目として大学レベルの thinking と writing を習得するための First-Year Writing Course を受講する。学生によるチューター・プログラムも Writing Program のなかにある。

　このように、分野を横断したライティング教育（WAC）が初年次から実施されており、学生はその後も必修または選択科目としてライティング関連科目を受講しながら、ライティングセンターを利用している。

2.2　アメリカの大学における ESL 学生の支援

　視察したライティングセンターでもうひとつ特徴的だったことは、ESL（English as a Second Language）専門のチューター（教員）が配置されていることである。留学生など「英語を母語としない学生」へのライティング支援であり、このことについては、アメリカで多くの研究がなされている。アメリカのライティング教育の中にある ESL 学生に対する支援であるため、日本の状況とは異なるかもしれないが、日本での英語ライティング支援の参考になることもあると考えられる。ここでは、英語を母語としない学生への支援における基

本的な問題点について考えたい。

　アメリカでのESL学生に対するライティング支援について問題にされるのは、日本で懸念されることと同じく、「文法や文レベルのチェックをしてほしいと考える学生」とライティングセンターの「添削せず自立した書き手を育てる」という理念とのせめぎ合いである。文レベルでチェックを行うことは、チューターが文章を修正するのを学生が見ているだけになってしまうというのだ。Jane Cogieはこれを Proofreading trap（校正の罠）と呼び、それを避けるための方策を挙げている。文法のミスに学生が自分で気づき、自分で修正できるようなしくみとして、適切な辞書を使うことやミスを防ぐチェックリストの使用、minimal marking（ミスがある箇所の余白にチェック・マークをつける）による指摘などが有効だという (Cogie, 1999)。この方策については、異論もあるようだが[3]、これは各ライティングセンターの置かれた状況によっても事情が異なるがゆえに起こる議論ではないだろうか。

2.3　英語教師としてのチューター

　Myersは、文レベルのチェックをよしとするかどうかは、英作文の専門家であるかESLの専門家であるかで意見が異なるとしたうえで、ESL学生に必要な指導は「文章表現」ではなく「語彙、文法、構文」なのだという。Myersによると、語彙や構文はライティングのアイデアを形にするために必要なものであるが、ELS学生はミスに気がついてもどのように修正したらよいかがわからないことを問題として挙げている (Myers, 2003)。この点については、日本でも、英語ライティング支援を行っている早稲田大学ライティングセンターのチューター経験者が「書き手から文章の解決法を引き出すことが困難である場合が多くある」と述べている（ドイル、2013）。また、そもそも学生自身がミスに気づかないことも多く、母語では有効な音読も外国語である英語ではあまり役に立たないという指摘もある (Cogie, 1999)。

　文法のミスについては、Global errorsとLocal errorsの2種類があげられることがある。Global errorsとは、文の理解に影響を与えるミスで、時制や態、語順、構文、接続詞などに関するものである。一方、Local errorsは、文の理解には

影響は与えないが、しばしば繰り返されるミスを指し、主語述語の不一致や単複数形、前置詞、語の選択などが含まれる。このような文法は単独で教えるよりも、学生が書いた文章の中で教えるほうが有用であるとCogieは指摘する (Cogie, 1999)。

Alexander Friedlanderも、ESL学生がライティングにおいて直面する問題が文法や慣用句に関することだとして、相談にあたるチューターは、「めったに考えたことのない」英語の特徴について教えなければならないということに気がつくのだと述べている (Friedlander, 1984)。ESL学生の文章中の「ミス」は、第二言語習得の過程で不可欠なことだという考え (Myers, 2003) も汲むと、ELS学生への支援においては、チューターが英語教師の役割を担うことも必要となる。

2.4 Cultural informantとしてのチューター

チューターが担う役割として、Cogieが挙げているCultural informant（文化情報の伝達者）というとらえ方は興味深い。もともとはJudith Powersが1993年にESL学生にライティングセンターのチューターがどのように対応するかを論じるなかで提唱したものとのことだが、言語や表現の背景にある文化など、「英語」に関することで学生自身ではわからないことを伝える役割があるのだという。筋の通った文章を書くために必要な文法や構文の知識が不足しているうえに、第一言語と第二言語である英語との間の文化的、言語的、レトリック上の違いがあるために、単にミスを修正する以上の「英語に関する情報」が必要だということである (Cogie, 1999)。Friedlanderは、ELS学生が犯しやすいミスとしてorganization（構成）を挙げているが、これは、たとえばパラグラフ・ライティングの方法が文化の違いによって異なるのだと指摘している (Friedlander, 1984)。日本語ライティングにおいても、「段落」と「パラグラフ」の違いには、「書く」ことに対する考え方・概念の違い——ライティング・プロセスなど——が背景にあると説明することを考えると納得できる。

このように、アメリカのライティングセンターでも、ELS学生の支援をめぐっては長年にわたりさまざまな議論がなされている。日本の学生の事情はアメリカのELS学生とは同じではないが、支援方法については取り入れられ

る考え方もあるだろう。次節では、津田塾大学ライティングセンターで行われている英語支援の状況を紹介し、どのような支援が可能かを考えたい。

3．津田塾大学ライティングセンターでの相談例

3.1　英語ライティング相談の概要

　津田塾大学では、学芸学部の全学科(英文、国際関係、数学、情報科学)で1年次に英作文の必修授業がある。毎週課題を提出し、担当教員によるチェックの後(添削はせず、記号によってミスを指摘する)、学生が修正して再提出するというものだが、ライティングセンターではこの授業を管轄するTECC(Tsuda English Coordination Center)との話し合いにより、英作文クラスにおける課題についての相談は受け付けないことを決めた。英作文の課題は成績に結びつくものであること、センターでのアドバイスとクラス担当教員に齟齬が生じた場合に問題となること、などがおもな理由である。2年次までは英作文のように「書くことを学ぶ」授業があるため、それらの科目についての相談は受けず、それ以外の授業での論文・レポート、留学関係の書類、TOEFLやIELTSなどのライティング試験対策、就職関連の文章について、2名の英語母語話者の非常勤教員が相談に応じている[4]。

　2016年1月から2018年6月までに行われた英語相談は延べ297件。そのうち、論文・レポートは91件、スピーチ・プレゼンテーション原稿は16件、留学関連は77件、TOEFL等の試験対策は56件、就職関連は11件、その他が46件だった。実際にどのような相談が行われているのか、教員が相談後に記した報告書をもとに相談のポイントを紹介しよう。

3.2　「文法チェック」希望への対応

　学生はTEC-book(第5章参照)によりオンライン上で相談予約をする際に、「相談したいこと」を記入できるようになっている。何も書かれていないこともあるが、書いてある場合には、「文法チェックをしてほしい」「添削してほしい」と書く学生は多い。「ペーパーは直さない、課題を手伝うようなことはしない」

ことがライティングセンター教員の基本的な姿勢だ。センターでは文法チェックや添削をしないことを伝えたうえで、相談を開始する。しかし、必要に応じて文法上の誤りを指摘することはある。ある教員は「文法で苦労している学生がいることは確か。それは第二言語を用いてライティングする上での障害となる」という。誤りを指摘したうえで、学生が自分で修正することを促している。

　文法について、ある学生は a, the などの冠詞や前置詞、単数複数の概念について同じミスを繰り返していた。これらは 2.3 で紹介した Local errors であろう。教員は、学生がこれから英語で文章を書く時に、どのようにしたら同じようなミスを防げるかを話し合ったという。

　学生の英語習熟度が高い場合には、自分が使っている単語が適切か、アカデミックな文章で使ってもよいものかと気にしていることがある。「言い回し」のようなものは、2.4 で触れた「文化による違い」が表れるものであり、学生自身で修正することは難しいため、不自然な単語や表現については指摘する必要があるだろう。英語ライティングの相談は、英語習熟度によって、相談したい内容や支援の仕方がさまざまである点が、日本語ライティングでの支援と比べて特徴的である。

　「文法チェック」を期待してセンターに相談にくる学生は多いものの、実際には、学生の書いた文章には文法的な問題は少なく、むしろアカデミック・ライティングの基本やライティング・プロセスに問題がある場合が多い。次に示す例は大学院生が 2 名、文法チェックを求めてゼミ論について相談に来た際の報告書である[5]。(以下、報告書は一部抜粋、原文ママ、筆者訳)

> As the students had requested I proof read and focus on grammar errors I made it clear that the writing center policy was to not proof read for grammar errors but rather help students develop their writing skills and focus on organization and cohesion, etc. I agreed to point out some grammar concerns but the students had to self correct as it is for a graded assignment. To be honest their written English was nearly 100% grammatically accurate so it really wasn't an issue.

学生たちは文法チェックを希望していたが、センターは文法チェックをするのではなく、学生の「書く力」を伸ばすための支援をするところで、文章の構成や論理性を重視していることを伝えた。いくつかの文法事項について指摘したが、これは成績に結び付く論文なので、自分で修正しなければならない。正直なところ、彼女をたちの英語はほぼ100パーセント文法的に正しく、まったく問題ではない。

この相談においては、文法というよりも、アカデミック・ライティングにふさわしい単語の選択について、学生自身に考えさせていた。もう一例を挙げる。

> The student came with her introduction for her graduating thesis. It was very wordy and lacked clarity. I advised her to simplify some sentences. The ordering of her paragraphs seemed logical. She was confusing MLA and APA style citations but was able to correct her errors. The quality of the English and accuracy of the grammar was good.
>
> 学生は卒業論文のイントロダクション部分を持ってきた。冗漫で明確さに欠けていたので、文を簡潔にするよう助言した。パラグラフは論理的に構成されている。引用についてはMLAとAPAの様式を混同していたが、学生は自分で修正することができた。英語の質と文法の正確さはよい。

もちろん、相談者の英語習熟度が高い場合に、このように文法的な問題がないことは多いだろう。しかし、この相談者も含めて、相談のポイントは、「文法チェック」以外のところにある。そこにアカデミックな文章を「英語で書く」という難しさがある。

3.3 英語ライティング相談で指摘される3つのポイント

英語ライティングの相談において指摘される、おもなポイントを3つ挙げ

てみよう。

① Thesis の問題

英語ライティングにおいてしばしば強調されるのは、thesis（主題、主張）をはっきりさせることである。Thesis は論文を書くために立てた「問い」に対する「答え」であり、簡潔に表されなければならない。学生が相談に持ち込んだレポートや論文では、論点がはっきりしないことがあるが、それは thesis にかかわる問題であることが多い。報告書を見てみよう。

> She has some good ideas, but these were difficult to work out as the thesis statement and topic sentences were not clearly written.
> アイデアはよいが、主題文とトピック・センテンスが明確に書かれていないため、理解しにくい。

主題文が論文全体にかかわるものであるなら、トピック・センテンスは各パラグラフのカギとなる文である。それらが明確に書かれていないと、そのパラグラフでいいたいこと、ひいては論文全体でいいたいことが伝わりにくくなる。

> The thesis and topic sentences of this paper needed clarification. We spent most of the session discussing her key points, and she practiced rewording these points in a more precise fashion.
> 主題文とトピック・センテンスを明確にすることが必要。相談時間のほとんどを書こうとしている内容のキーポイントについて話し合い、彼女はそれらのポイントをより正確に書き換えることを練習した。

ほかにも、たとえばイントロダクションで thesis を述べなければ、そのレポート・論文が何について、どのようなことを論じるものであるかがわからないが、それが書かれていない。また、thesis の論拠となるはずの文が thesis と関連づ

けられていない、リサーチした結果がthesisの論拠となっていない、などの例がある。

このような場合、thesisをきちんと立てることから始めなければならない。そのために、学生が持っているアイデアや論拠として使おうと考えている情報を整理する必要がある。センターでは、学生とともにブレインストーミングをするか、またはブレインストーミングの方法を教えることで、自分が主張したいことを絞り込んで明確にできるよう支援している。

② Controlling ideaの問題

Controlling ideaという言葉はあまりなじみがないかもしれないが、トピック・センテンスやthesisの中に明示されたアイデアのことである。「自分の意見の種」ともいえるかもしれない。それはトピックの方向性を決定する要素であり、レポート・論文の全体の方向性やパラグラフ内の流れを決めるものである。

センター教員のジェフリー・ピアスは、controlling ideaについて次のように説明する。たとえば、「東京」について書かれたパラグラフにおいて適切なトピック・センテンスとして"Tokyo is a good place to raise a family"「東京は子育てするのによい場所である」という文を考えたとする。この場合、トピックは「東京」で、controlling ideaは"a good place to raise a family"「子育てをするのによい場所である」という部分である。

ピアスによると、多くの学生がcontrolling ideaを含んだトピック・センテンスを書くことに苦労しているという。そのような学生が書くトピック・センテンスは、たとえば、"Tokyo is a good place"「東京はよいところだ」というように一般的過ぎたり、逆に"There are more than 13 million people in Tokyo"「東京の人口は1300万人以上である」と限定的過ぎたりする。トピック・センテンスが一般的過ぎると、そのトピック・センテンスの後に続いてトピック・センテンスを支える文がどのような方向に流れるのかを決めることができないし、限定的過ぎるとそれ以上のことを書くことができなくなってしまう。controlling ideaは「一般的」であることと「限定的」であることのバランスを取って考えることが必要だとピアスは指摘する。

③ Cohesion の問題

　Cohesion という言葉も、相談報告書の中にしばしば見られる。Cohesion は「結束性」と訳されるが、「論理的なつながり」とでもいうものである。日本語の相談でも、論理的なつながりについては指摘することがよくある。それは文と文のつながりであったり、パラグラフどうしのつながりだったりする。
　ある相談では、論文の中に多くの内容が含まれていたが、主題に controlling idea が欠けていた。どのようにしたら学生がすでに盛り込んでいる内容のいくつかの部分と合致させられるかを話し合ったという。報告書は続く。

　　In addition, we looked at the importance of topic sentences in maintaining cohesion.
　　さらに、論理性を保つためにトピック・センテンスが重要であることを確認した。

　次の例は、TOEFL でのライティング試験対策で書かれた文章についての相談である。

　　She brought in a sample task she had prepared. There were several good ideas incorporated in the sample, but it lacked cohesion. We spent most of the session discussing the importance of focusing on a controlling idea and developing support in relation to this central concept.
　　学生は書いたものを持ってきた。よいアイデアが盛り込まれているが、論理性に欠けている。相談では、Controlling idea に焦点を合わせることと、そのアイデアに関連させて文章が展開できるようにすることが大切だと話し合った。

　こうしてみてみると、thesis やトピック・センテンスに controlling idea が含まれていて、その軸がぶれることなく、決められた方向に流れるように展開さ

れていくことで論理性が保たれるのだということがわかる。逆にいうと、論理性が保たれていない文章に対しては、thesis が明確であるか、トピック・センテンスが作られているか、といった文章作成段階に戻って検討していく必要がある。

4．プロセスで支援する英語ライティング

4.1　アカデミック・ライティングの基本

　前節では、津田塾大学ライティングセンターでの相談例から、学生の英語ライティングにどのような問題が見られるかを紹介したが、このほかに多くみられるのは、アカデミック・ライティングの基本に関することである。たとえば、アカデミックな文章は Introduction（序論）、Body（本論）、Conclusion（結論）で構成されること、パラグラフはトピック・センテンス、サポート・センテンス、コンクルーディング・センテンスで構成されること、1人称は使わずに客観的に書くことなどを相談のなかで「教え」なければならないことがある。学生によっては、アカデミック・ライティングの基本を学んでいないか、習ったとしても自分のものとして習得できていないことがあるからである。日本語のレポートの書き方を習っていても、それが英語ライティングに応用できない学生もいるだろう。英語ライティングに対する支援は、英語教育の側面とライティング教育の側面とを持ち合わせている点に難しさがある。ここでは、ライティング教育の一側面ともいえるライティング・プロセスに注目して、支援について考えたい。

4.2　ライティングのプロセスとは

　アメリカでは1990年代から、ライティングをプロダクト（成果物）としてではなくプロセス（過程）ととらえ学生を支援する"Writing as a Process"という考え方が広まり、ライティングセンターでも「ペーパーをよくするのではなく、書き手を育てる」ことを基本理念として発展してきた。日本のライティングセンターでもこれを理念とするところが多い。ここでいうプロセスとはどのよう

第 8 章　ライティングセンターにおける英語ライティング支援　209

図 8-1　津田塾大学ライティングセンター『レポートの書き方』2017 年，p. 1

なものだろうか。

　第 3 章で紹介したように津田塾大学ライティングセンターでは、2015 年に『レポートの書き方』と題した小冊子を作成し、学生に配付している。この冊子は日本語のレポートを書くことを前提にしているが、ライティングのプロセスを重視し、そのプロセスに沿ってレポートを書き進めることができるよう編集したものである。そこで紹介しているライティングのプロセスは図のとおりである（図 8-1）。

　筆者が担当している日本語のレポート・論文についての相談においても、学生はどの段階で相談を利用してもよいため、このプロセスに沿った指導を行うことが多い。たとえば、「何を書いたらよいかわからない」という学生には、「課題の理解」をすることから始める。こちらが質問を重ねて学生が答えていくうちに、書くべきことが見えてくることがある。

　「書いているうちに、自分でもなんだかわからなくなってきた」いう場合には、トピックや主題の絞り込みができるように質問を重ねたり、アウトラインを確認したりする。完成原稿を持ってきたとしても、一貫性や論理的なつ

ながりに問題がみられたら、アウトラインの修正に戻ることがある。センターでは、ライティング・プロセスのなかでも、執筆する前の準備が大切だと強調している。

　小冊子で提示しているライティング・プロセスは、筆者が学部時代に学んだアカデミック・ライティングでの経験に基づいている。津田塾大学英文学科では2年次に英語のアカデミック・ライティングを学ぶ必修授業がある。この授業では、前期に description（描写）, narration（語り）, exposition（説明）, argumentation（論証）などの英文の「型」を学び、夏休みには autobiography（自伝）を書く課題が出る。後期は半年かけて、各自が決めたテーマに沿って、独自のテキストを用いてアカデミック・ライティングの方法を学びながら、学年末にリサーチ・ペーパー（研究論文）を完成させるというものである。小冊子は、その際に使用していたテキスト *A Handbook for Writing Research Papers*『英語論文の書き方の手引き』(津田塾大学英文学科編)を参考にして作成したものである[6]。このテキストは、形式やルールといった論文執筆についての基本的事項はもちろんだが、ライティング全体のプロセスを重視している点に特徴がある。そのプロセスの一つ一つが、「一貫性があり論理的で、オリジナリティを持った」論文という作品を完成させるために必要なピースになっているのだ。

4.3　ライティング・プロセスとライティングセンターでの支援

　アカデミック・ライティングにおいて、プロセスを重視して指導し、学生が一つ一つのプロセスを習得していくことは、学生の「書く力」を育てるために有用なことだと筆者は考えている。ライティング・プロセスは、「考える」「情報を収集する」「情報を整理する」「批判的に読む」「構成する」「文章を書く」といった大学での学びに必要なスキルを含んでおり、そのプロセスを経て書かれたものが学生の総合的な「書く力」を表すと考える。

　ライティング・プロセスについては、アメリカの大学ライティングセンターのサイトでもしばしば言及されている。マサチューセッツ工科大学の Comparative Media Studies/Writing プログラムでは、ライティング・プロセスには少なくとも次の4段階があると説明する[7]。

① Prewriting（準備）
② Drafting（執筆）
③ Revising（推敲）
④ Editing（編集）

 Prewritingでの作業には、テーマについて考えること、ノートテイキング（メモを取る）、書こうとしていることを人に話すこと、ブレインストーミング、アウトライン作成、資料収集などが含まれる。Draftingはアイデアを言語化することであり、それは"Writer-centered"つまり「書き手」としての行為である。一方、Revisingは"Reader-centered"すなわち自分の書いた文章を「読み手」として読み直すことが求められる。Editingは最終チェックである。
 ダートマス大学のInstitute for Writing and Rhetoricでは、ライティング教授用(Teaching)サイトが充実している[8]。ここでは以下の3つの段階をプロセスと捉えている。

① Invention（構想）
② Composition（執筆）
③ Revision（修正）

 そして、大学入学前にこのプロセスを習得している学生もいれば、高校までは通用しても大学でのライティングには不足がある学生、そしてまったくライティング教育を受けていない学生がいることも踏まえたうえで、ライティング支援をしていかなければならないと説明する。
 Inventionで強調されているのは、資料を読むときに、著者に対して疑問を投げかけるなど「書き手」として「積極的に」読むことや、ブレインストーミングなどでアイデアを生み出すこと、アウトラインを作成することなどである。ここで興味深いのは、アイデアを生み出すいちばんの方法は「対話」であると説明していることだ。

マサチューセッツ工科大学でも、準備の段階で構想について「人に話す」ことが挙げられていたが、これは対話を重視するライティングセンターでこそできる支援である。対話によってアイデアを生み出していく経験を経て、学生は自分自身のなかで「対話」することができるようになるのである。

さらに、Composition の段階は、書きながら新たな発見をしたり、問題を見つけて前の段階に戻って再検討したりと、進みながら戻って修正し洗練させていくイメージを提示している。

また、Revision は、書いたものを「批判的に」再考察する段階であり、その時に重要なのは「読み手」がどのようにその文章を理解あるいは誤解するかを意識することだという。「読み手」の立場に立つことで、たとえばパラグラフ・ライティングの意義や引用や注などのルールを単なる決まりではなく、「読み手」にとって理解しやすい文章のために必要なことだと理解することができる。

このように、ライティング・プロセスでは「書き手」として準備から執筆の段階まで進めることはもちろんだが、「読み手」を意識し、自ら「読み手」の立場となって文章を客観的に眺めることも必要だということがわかる。「読み手」を意識させるという点で、チューターという「読み手」を提供するライティングセンターができる有意な支援ではないだろうか。

4.4　これからの支援に向けて

"Good product depends on good process" というフレーズが示すように[9]、よい論文はよいプロセスを経て作られる。よい論文が書けるかどうかはプロセスにかかっている。ライティングにおいてプロセスは重要だということである。そして「1 対 1 での対話」を重視するライティングセンター独自の支援方法は、このプロセスに沿った支援に大いに生かされる。ただし、この場合、ライティング・プロセスがどのように学生に認識されているかが問題であろう。正課授業のなかでライティング・プロセスに沿った指導がなされていて、プロセス支援をライティングセンターが補完的に担うことが教員にも了解を得られれば、それはもっとも理想的である。先に挙げた英語ライティング支援を行っている各大学の例は、その点でたいへん参考になる。英語ライティングの支

援は、教育現場において、英語ライティングをどのようにとらえ、どのように学生の「書く力」を伸ばそうと考えているかということと密接にかかわるだろう。「どんな文章を書けるようにするか」ということとつながるからである。

5．おわりに

　日本の大学における英語ライティング支援を充実させるためには、英語教育の側面とライティング教育の側面からどのように支援できるかを考えることが必要である。カジュアルな文章かアカデミックな文章など、どんな種類の文章を書くか、つまり英語の文章を書くことの目標は何かを明確にして、適切な支援を行っていくことが、学生の「書く力」を伸ばすためにも有効であろう。このような支援が、学生の英語力向上やアカデミック・スキルズの習得にも役立つのである。

注

1　大阪女学院大学サイト内の「学習支援プログラム」参照。
2　訪問はいずれも 2013 年 2 月〜3 月。関西大学教育開発支援センター・津田塾大学ライティングセンター『〈考え、表現し、発信する力〉を培うライティング／キャリア支援 2012(平成 24)年度報告書』2013 参照。各大学のウェブサイトにより情報を更新した。
3　Sharon A. Myers (2003) 参照。
4　総合政策学部においては、英語ライティングの講師の派遣は行っているが、今のところ英語科目についての個別相談には応じていない。
5　相談内容についての説明と報告書内容の開示については、津田塾大学ライティングセンター非常勤教員の Geoffrey Pierce 氏と Tracy Koide 氏にご協力いただいた。
6　現在は絶版。
7　MIT Comparative Media Studies/Writing, "Resources for Writers: The Writing Process," https://cmsw.mit.edu/writing-and-communication-center/resources/writers/writing-process / accessed on July 17, 2018.
8　Institute for Writing and Rhetoric, Dartmouth College, "Teaching Writing as Process," https://writing-speech.dartmouth.edu/teaching/first-year-writing-pedagogies-methods-design/teaching-writing-process 参照。
9　同上。

参考文献

木村友保ほか『日本人のための英語ライティングセンター構築の可能性とその実現計画』「平成24－26年度科学研究費補助金基盤研究（C）　研究成果報告書」2015年。

ドイル綾子（2013）「非母語話者に対する支援」佐渡島紗織・太田裕子編『文章チュータリングの理念と実践―早稲田大学ライティング・センターでの取り組み』ひつじ書房、pp.249-252。

吉田弘子・Scott Johnston・Steve Cornwell　「大学ライティングセンターに関する考察―その役割と目的」『大阪経大論集』第61巻第3号、2010年9月、pp.99-109。

Cogie, Jane "Avoiding the Proofreading Trap: The Value of the Error Correction Process," *The Writing Center Journal*, vol. 19, No. 2(1999), 7-31.

Friedlander, Alexander "Meeting the Needs of Foreign Students in the Writing Center," Gary A. Olson, ed., *Writing Centers: Theory and Administration*, National Council of Teachers of English, 1984, 206-214.

Harris, Muriel "SLATE (Support for the Learning and Teaching of English) Statement: The Concept of A Writing Center," http://writingcenters.org/writing-center-concept-by-muriel-harris/ accessed on July 17, 2018.

Institute for Writing and Rhetoric, Dartmouth College, "Teaching Writing as Process," https://writing-speech.dartmouth.edu/teaching/first-year-writing-pedagogies-methods-design/teaching-writing-process accessed on July 17, 2018.

MIT Comparative Media Studies/Writing, "Resources for Writers: The Writing Process," https://cmsw.mit.edu/writing-and-communication-center/resources/writers/writing-process / accessed on July 17, 2018.

Myers, Sharon A. "Reassessing the 'Proofreading Trap': ESL Tutoring and Writing Instruction," *The Writing Center Journal*, vol. 24, No. 1, Fall/Winter (2003), 51-70.

The Department of English, Tsuda College ed., *A Handbook for Writing Research Papers*, 4th revised edition, Shinozaki Shorin, 2002. 津田塾大学英文学科編『英語論文の手引き』第四改訂版、篠崎書林、2002年。

おわりに

大島美穂

　最近の学生がSNSやゲームの世界に没頭し、書く力、コミュニケーション能力に乏しいという指摘がなされて久しい。むろん、プレゼンテーション力や当意即妙の受け答えをする力については、今の学生の方が優れていると言えるかもしれない。しかし、じっくり考え、論理的に議論を展開する必要のある、書く力が年々衰えているという感想はどの大学でも耳にする。筆者は10年以上前に、全国の学生が集まるグローバルなセミナーのディレクターを務め、合宿後に参加学生と一緒に講演会の記録をまとめて刊行するという仕事を担当したことがあった。その時に驚いたのが、会話のなかではどの学生も等しく能力があるように見受けられたのだが、講演の要約になるとその優劣が鮮明に出てしまい、まとまった文章を書けない学生が少なからず存在したことであった。一見、テンポのよい会話ができても、書く力のない者は社会人として必ず困ることとなる、さらにそうした基礎力に基づいて初めてアカデミックな知見を活かすことができるのではないか、との思いを強く持った体験であった。

　「書く力は考える力であり、(社会において)生きる力である」、これは本プロジェクト申請時に何度も両大学で話し合ってきたことだった。幸い、両大学ともに、「てにをは」から指導しなければならないような状況にある学生はほぼ見受けられない。しかし、レポートや論文に対して苦手意識を持ち、事実の分析や説得力のある議論を展開できない、議論がブレる傾向にある学生は少なくない。本取り組みを通して、こうした学生の苦手意識を払拭し、社会に出るための力を身につけてほしい、これが本事業の目的だった。

　本論で述べてきたように対照的な二大学の連携事業は、それぞれ異なった特色を持っていた。たとえば、たくさんの院生TAを抱える関西大学では、授

業と連携してレポートの書き方に関する実践的な相談やミニ講座を行い、レベル別に 3 冊の『レポートの書き方ガイド』を刊行した。他方、少人数授業が多く、基本的にレポートや卒業論文の指導は担当教員が行ってきた津田塾大学では、アカデミック・ライティングよりも就職のための ES や年長者宛の手紙など、学外への発信を目的としたライティング相談が多いという傾向があった。しかし、関西大学の活動報告から学ぶなかで、津田塾大学でもアカデミック分野の需要開拓も必要ではないかとの認識が高まり、初年次教育のなかにレポートの書き方を取り入れるなどの試みも始まった。現在はそのおかげで、津田塾大学でも、すべての新入生が初年次に一度はライティングセンターの教員による「レポートの書き方」講座を受講することになっている。また、逆に関西大学でも、津田塾大学主催の講演会や東京の新聞社ツアーなどに大阪から参加する学生が現れ、また津田塾大学が 2000 年から始めた高校生エッセーコンテストと同じコンセプトの「作文コンテスト」が高校生、大学生ふたつのカテゴリーで 2013 年から始められた。東西に分かれて位置する大学を結び毎月行なわれる TV 会議システムを用いた運営会議の積み重ねのなかで、互いの認識が共有化され、両大学の強みがお互いに影響し合うという結果をもたらしたといえるだろう。

　そして、こうしたライティング支援の実施に関する取り組みは、アメリカの大学の視察やかの地の教員のシンポジウムへの招聘を契機に、新たなレベル・方法の開拓に繋がり、日本の大学におけるライティングセンターの新設の後押しともなったと自負している。

　さらに本事業の外部資金が終了した現在でも、ライティングセンターは継続し、学修支援の 1 つの柱として両大学の要を形成している。津田塾大学が 2017 年度に行った大学認証評価では、ライティングセンターが、「長所として特記すべき事項」に取り上げられ、「文書の課題や改善策をともに考えることにより、書く力だけでなく考える力や自分を見つめる力も身につけさせている。……同センターの取組みは有効に機能しており、大学の理念である『自立した オールラウンドな女性の育成』を体現していることは、評価できる」とされた。

ともすれば勝手な自己主張をすることもあった津田塾大学のメンバーを包み入れ、前向きに進めてくださった関西大学の皆様に心よりの御礼を申し上げたい。関西大学の寛大で積極的な姿勢がなければ、本事業はこのように多くの成果を上げることができなかった。そして、関西と関東という「異文化交流」のなかで、相互にさまざまな点を学ぶことができたことは両学にとって何よりの経験であった。さらにそれが、2017年4月に両大学の間で結ばれた包括連携協定を通して、ますます発展していくものと願っている。

　最後になりましたが、両大学のライティングラボ・ライティングセンターの設立に関わり、これまで様々な形で支えてくださった皆様に、心より感謝いたします。ここでそれぞれお名前をあげることはできませんが、皆様のお力がなければ、本書ならびに本書の土台となったライティング支援の活動はできませんでした。

　また、本書の刊行を引き受けてくださった東信堂の下田勝司社長に御礼申し上げます。厳しいスケジュールのなか、粘り強く、最後までお付き合いくださり、刊行にこぎつけることができましたこと、厚く御礼申し上げます。

〔付記〕　本書は2018年度津田塾大学特別研究費(出版)の助成を受けたものです。

索 引

アルファベット

ESL (English as a Second Language)　195, 199-201
e ポートフォリオ　118, 121-123, 136, 150, 153, 180
e ラーニング　32, 41, 58, 160, 166, 167, 172, 173, 177, 178, 182-186, 190
e ラーニング教材　41, 55, 58, 172, 179
i18n2　151
ICT　v, 53, 121, 160, 174, 177, 179, 190, 192
L10n2　151
OriHime　188-191
SI (Supplemental Instruction)　178
TEC-book　66, 77, 105, 107, 121-125, 133-135, 138, 139, 151, 153, 186, 187, 202
TEC-folio　121-125, 136, 138, 139, 141, 143, 146, 147, 150, 151, 153, 186
TEC-System　v, 36, 37, 121-124, 151, 153, 154, 186
Writing-across-the-curriculum (WAC)　198, 199

ア行

アカデミック・アドヴァイザー　34, 38, 43, 50, 52, 53, 55, 60, 158, 162, 163, 172, 192
アカデミック・スキル (ズ)　178, 199, 213
アカデミック・ライティング　27, 29, 30, 33, 34, 57, 58, 63, 70, 76, 77, 86, 95, 107, 155, 156, 160, 162, 164, 165, 167, 169, 192, 197, 203, 204, 208, 210, 216
アクティブ・ラーニング　91, 177
運営戦略　110
エントリーシート (ES)　63, 68, 70, 74-79, 81-88, 107, 216
オープンソースソフトウェア　122, 125, 153, 154
オンラインチュータリング　179, 181, 191
オンラインライティング　174, 177, 179-181, 189

カ行

学習支援　21, 33, 53, 54, 93, 155, 157, 161, 162, 164, 165, 167, 169, 173, 174, 177, 178, 187, 189, 190
学習方略　54
学士力　8-11, 27
書く力　i, 3, 5, 6, 10-12, 15, 17, 21, 25, 26, 63-65, 86, 103, 170, 172, 178, 196-198, 204, 210, 213, 215, 216
考え、表現し、発信する力　i, 25, 26, 93, 138, 153
〈考え、表現し、発信する力〉を培うライティング／キャリア支援　i, iv, 28, 29, 93
気づき、気づく　19, 30, 34, 36, 37, 54, 58, 68, 72, 74, 75, 79, 81, 84, 109, 179, 185
キャリア教育　63, 88
キャリア支援　63, 65, 71, 85-87
行動観察調査　124
国際化　125, 151
コピー＆ペースト (コピペ、コピペ問題)　5, 6, 73, 85
コミュニケーション (能) 力　64, 65, 107, 189, 215

サ行

自己評価　91, 92, 98, 99, 113, 114, 116, 140, 154
質の高い大学教育推進プログラム (教育 GP)　ii, 63
質保証　92
質問技法　54
社会人基礎力　8, 9, 25, 65
(正課) 授業 (との) 連携　v, 18, 23, 30, 32, 37, 43, 45, 51, 58, 87, 113, 155, 160, 161, 173, 196
初等教育　121
初年次科目　34, 115, 155-157, 159-161
初年次教育　6, 7, 17, 43, 54, 155, 169-171, 183, 195, 216
全学的組織　22, 31
全学的なライティング支援組織　57
相互評価　114, 116

タ行

大学間連携共同教育推進事業　i, 28, 65
タイムマネジメント能力　107
地域化　125, 151
チューター研修　55, 108, 110, 174
チューターの育成　174
ティーチング・アシスタント (Teaching Assistant)　114

テレビ (TV) 会議システム　　　102, 177, 216
添削　　11, 19, 34, 57, 58, 68, 72, 81, 134, 156, 178,
　　　　　　　179, 197, 200, 202, 203
トゥールミンモデル　　　　　　　　12-15
特色ある大学教育支援プログラム (特色GP)　　i
特別な配慮を要する学生　　　　　　53, 55

ナ行
人間中心設計　　　　　　　　　　122, 124

ハ行
パーソナル・ライティング　　　　　85, 86
反転授業　　　　　　　　　　171, 173, 184
汎用性　　　　　　　　　　　　　　7, 93
ピア評価　　　　　98, 114, 141, 169, 173, 187
ヒューリスティック評価　　　　　　　　124
プロセス　　11, 56, 57, 67, 72, 86, 102, 103, 106, 109,
　　　　112, 117, 124, 146, 171, 173, 195, 201, 208-211
プロトタイプ　　　　　　　　　　122, 124
ペルソナ／シナリオ　　　　　　　　　　124
ポートフォリオ　　v, 20, 28, 123, 124, 126, 130, 137,
　　　　138, 140, 141, 143, 144, 146, 148-150, 153, 154, 186

マ行
メンター　　　136-138, 140, 141, 143, 145, 148, 154

ヤ行
ユーザビリティ　　　　　　　　　122, 134
ユーザ評価　　　　　　　　　　　　　　124

ラ行
ラーニング・コモンズ　　49, 60, 61, 123, 134, 177
ライティング／キャリア支援　iii, iv, 29, 110, 123,
　　　　　　　　　　　　　　　　　　　　186
ライティングセンタールーブリック　91, 102-105
　　　　　　　　　　　　　　　　　　108-111
ライティングプロセス　　40, 57, 96, 201, 203,
　　　　　　　　　　　　　　　208, 210, 212
ライティングルーブリック　92, 94, 97, 99-103,
　　　　　　　　　　　　　　　106, 107, 118
リーダーシップ　　　　　　　　　ii, 64, 65
リサーチペーパー　　　　　　　　i, 101, 210
留学 (生)　21, 22, 40, 63, 67, 78, 83, 136, 151, 199, 202
ルーブリック　v, 20, 91-94, 96-98, 100, 101, 103, 106,
　　107, 109-118, 123, 124, 136, 138, 140-146,
　　　　　　　148-150, 154, 167-169, 173, 186
ロボティクス　　　　　　　　　　　　188

執筆者紹介 （執筆順）

髙橋裕子（たかはし　ゆうこ　　はじめに）
　出身：広島県
　最終学歴：米・カンザス大学大学院 Ph. D.
　専攻：アメリカ社会史（家族・女性・教育）、ジェンダー論
　経歴・現職：桜美林大学国際学部専任講師、助教授、津田塾大学学芸学部助教授、教授を経て、2016年より津田塾大学学長。ライティングセンター長（2010-2012、2014-2015）。
　著書・論文：『津田梅子の社会史』（玉川大学出版部、2002年、アメリカ学会清水博賞）、共編著に『家族と教育』（明石書店、2011年）、『津田梅子を支えた人びと』（有斐閣、2000年）等。

中澤　務（なかざわ　つとむ　　第1章、第2章分担執筆）
　出身：埼玉県
　最終学歴：北海道大学大学院文学研究科博士課程中退、博士（文学）
　専攻：哲学・倫理学
　経歴・現職：北海道大学文学部助手を経て、現在、関西大学文学部教授
　著書・論文：『知のナヴィゲーター』（編著、くろしお出版、2007年）、『哲学を学ぶ』（晃洋書房、2017年）。

多田泰紘（ただ　やすひろ　　第2章・第6章分担執筆）
　出身：京都府
　最終学歴：北海道大学大学院理学院自然史科学専攻博士後期課程修了
　経歴・現職：北海道大学高等教育推進機構特定専門職員、関西大学ライティングラボアカデミック・アドヴァイザーを経て、現在関西大学教育推進部特別任命助教。

岩﨑千晶（いわさき　ちあき　　第2章・第6章分担執筆、第7章）
　出身：大阪府
　最終学歴：関西大学総合情報学研究科博士課程後期課程　博士（情報学）
　専攻：教育工学、学習環境デザイン、高等教育
　経歴・現職：富士ゼロックス株式会社、京都外国語大学研究員を経て、関西大学教育推進部准教授。
　著書・論文：『大学生の学びを育む学習環境のデザイン―新しいパラダイムが拓くアクティブ・ラーニングへの挑戦―』（編著、関西大学出版部、2014年）、共著として Development and Assessment of E-learning for Academic Writing: Learning Support or Writing Centers（Excellent Paper Award :International Symposium on Educational Technology IEEE Computer Society Publications, 2018）・わが国におけるラーニングコモンズの評価動向に関する考察（日本教育工学会論文誌 vol.42 Suppl、pp.157-160、2019年）。

寺島紀衣(てらしま　のりえ　コラム)
　出身：三重県
　最終学歴：筑波大学大学院博士後期課程修了
　専攻：図書館情報学
　経歴・現職：企業勤務、大学図書館職員を経て、関西大学ライティングラボのアカデミック・アドヴァイザー。

大原悦子(おおはら　えつこ　第3章)
　出身：東京都
　経歴・現職：津田塾大学学芸学部国際関係学科卒業後、朝日新聞記者として暮らしや文化などの記事を執筆。在職中、ハーバード大学 J.F.ケネディ行政大学院修士課程修了。2008年津田塾大学ライティングセンター特任教授、17年より同客員教授。
　著書・論文：『フードバンクという挑戦―貧困と飽食のあいだで』(岩波現代文庫、2016年)など。

毛利美穂(もうり　みほ　第4章・第5章分担執筆)
　出身：神戸市
　最終学歴：大手前大学大学院比較文学比較文化専攻博士後期課程修了　博士(文学)
　専攻：医療人文学、日本文学、比較文学、教育工学、国語科教育
　経歴・現職：京都大学大学院文学研究科に進学後、大手前大学総合文化学部助教、関西大学教育推進部特任助教を経て、現在、関西大学東西学術研究所非常勤研究員および専門職大学院社会人学び直しプログラムアドバイザー。
　著書・論文：『ベーシック日本語表現―日本語表現を見直すことでレポート・小論文は書ける!』(万葉書房、2011)、『レポートの書き方ガイド〔発展篇〕』(関西大学、2015)、"A Study of Medical Humanities of Rituals and Medicinal Plants" (Cultural Crossings of Care, 2018)。

千葉美保子(ちば　みほこ　第4章分担執筆)
　出身：宮城県
　最終学歴：関西大学大学院文学研究科博士後期課程修了　博士(文学)
　専攻：歴史学、高等教育論
　経歴・現職：関西大学教育推進部特別任命助教を経て、現在甲南大学共通教育センター講師。
　著作・論文：『学生用ルーブリックの使い方ガイド』(2016、関西大学)、『アクティブラーニング読本シリーズ3　ルーブリックを手に、学びの航海図を描こう!』(分担執筆、2018、関西大学)、「アレクセイ帝治世における文化政策：17世紀ロシアにおける演劇を中心に」『史泉』第118号、p.1-15 (関西大学、2013)。

執筆者紹介 223

本村康哲（もとむら　やすのり　　第 5 章分担執筆）
　出身：京都府
　最終学歴：神戸大学大学院自然科学研究科システム科学専攻博士後期課程修了　博士（学術）
　専攻：情報工学、中性子ラジオグラフィ
　経歴・現職：姫路独協大学外国語学部、経済情報学部を経て、関西大学文学部教授
　著書・論文："Suppression of Isolated Noises in the Dynamic Neutron Radiography Image by Using Mathematical Morphology", Nuclear Instruments and Methods in Physics Research A377, 1997. "Cluster Approach to Pattern Recognition, Theory and Applications of the Cluster Variation and Path Probability Methods", Plenum Press, New York, 1996.「博物館来館者向けの情報提示システム構築のためのユーザモデリング」、第 43 回教育システム情報学会全国 大会論文集（2018年）。

稲葉利江子（いなば　りえこ　　第 5 章分担執筆）
　出身：静岡県
　最終学歴：日本女子大学理学研究科数理物性構造科学専攻博士後期課程修了　博士（理学）
　専攻：社会情報学、教育工学
　経歴・現職：文部科学省メディア教育開発センター助手、独立行政法人情報通信研究機構専攻研究員、京都大学情報学研究科 特定講師、津田塾大学学芸学部 特任准教授を経て、2018 年 4 月より津田塾大学学芸学部 准教授。
　著書・論文："Chapter 3: Intercultual Collaboration Tools based on Language Grid,"（Co- authors, Masahiro Tanaka, Akiyo Nadamoto, and Tomohiro Shigenobu）Toru Ishida (ed.), *Language Grid: Service-Oriented Collective Intelligence for Language Resource Interoperability*（Cognitive Technologies）, Springer, 2011,「発言の自由度を高めたレスポンスアナライザを活用した大学授業の実践と評価」『日本教育工学会論文誌』36 巻 3 号（2012 年 12 月）、「機械翻訳を用いた 3 言語間コミュニケーションの相互理解の分析」『電子情報通信学会論文誌』Vol.J92-D, No.6（2009 年 6 月）。

飯野朋美（いいの　ともみ　　第 8 章）
　出身：神奈川県
　最終学歴：津田塾大学大学院文学研究科後期博士課程単位取得満期退学
　専攻：アメリカ文化
　経歴・現職：津田塾大学学芸学部卒業後、企業勤務を経て大学院進学、2013 年津田塾大学ライティングセンター特任助教、17 年より同特任講師。
　著書・論文：「アメリカ社会に埋もれた一世―20 世紀転換期ニューヨークの日本人労働者たち」「人の移動とアメリカ」研究プロジェクト編『エスニック・アメリカを問う―「多からなる一つ」への多角的アプローチ』（彩流社、2016 年）。

大島美穂(おおしま　みほ　おわりに)
　出身：東京都
　最終学歴：津田塾大学大学院国際関係学研究科博士課程後期単位取得満期退学
　専攻：国際政治、北欧研究
　経歴・現職：筑波大学社会科学系講師、津田塾大学学芸学部国際関係学科助教授、教授を経て現在津田塾大学ライティングセンター長　総合政策学部教授
　著書・論文：日本国際政治学会共編「地域研究と国際政治」『国際政治―地域研究と国際政治の間』(有斐閣、2017年)、『ノルウェーを知るための60章―エリア・スタディーズ132―』(共編著、明石書店、2014年)、『EUスタディーズ3―国家・地域・民族』(編著、勁草書房、2007年)。

編者

関西大学ライティングラボ　　http://www.kansai-u.ac.jp/ctl/labo/
津田塾大学ライティングセンター　https://twc.tsuda.ac.jp/

大学におけるライティング支援―どのように〈書く力〉を伸ばすか

2019年3月10日　　初　版第1刷発行　　　　　　　　　〔検印省略〕
　　　　　　　　　　　　　　　　　　　　　　　定価はカバーに表示してあります。

編者Ⓒ　関西大学ライティングラボ・
　　　　津田塾大学ライティングセンター　　／発行者　下田勝司　　印刷・製本／中央精版印刷

東京都文京区向丘 1-20-6　　郵便振替 00110-6-37828　　　　　　　　　発行所
〒 113-0023　TEL (03) 3818-5521　FAX (03) 3818-5514　　　　　　株式会社 東信堂
　　　　　　Published by TOSHINDO PUBLISHING CO., LTD.
　　　　　　1-20-6, Mukougaoka, Bunkyo-ku, Tokyo, 113-0023, Japan
　　　　　　E-mail : tk203444@fsinet.or.jp　http://www.toshindo-pub.com

ISBN978-4-7989-1543-2 C3037
Ⓒ Kansai University Writing Labo / Tsuda University Writing Center

東信堂

大学教学マネジメントの自律的構築―主体的学びへの大学創造二〇年史	関西国際大学編	二八〇〇円
学修成果への挑戦―地方大学からの教育改革	濱名 篤	二四〇〇円
大学におけるライティング支援―どのように〈書く力〉を伸ばすか	関西大学ライティングラボ／津田塾大学ライティングセンター編	二四〇〇円
グローバルに問われる日本の大学教育成果	加藤真紀 喜始照宣	二八〇〇円
転換期を読み解く―潮木守一時評・書評集	潮木守一 著	二六〇〇円
大学再生への具体像―大学とは何か【第二版】	潮木守一	二四〇〇円
リベラル・アーツの源泉を訪ねて	絹川正吉	三二〇〇円
「大学の死」、そして復活	絹川正吉	二八〇〇円
大学教育の思想―学士課程教育のデザイン	絹川正吉	二八〇〇円
大学教育の在り方を問う	山田宣夫	二三〇〇円
北大 教養教育のすべて	小笠原正明 安藤厚 編著	二四〇〇円
検証 国立大学法人化と大学の責任―その制定過程と大学自立への構想 エクセレンスの共有を目指して	田中弘允 佐藤博明 田原博人 著 細井克彦	三六〇〇円
国立大学職員の人事システム―管理職への昇進と能力開発	渡辺恵子	四二〇〇円
国立大学法人の形成	大崎 仁	二六〇〇円
教育と比較の眼―自立と格差のはざまで	天野郁夫	三六〇〇円
大学は社会の希望か―大学改革の実態からその先を読む	江原武一	二六〇〇円
転換期日本の大学改革―アメリカとの比較	江原武一	三六〇〇円
大学の管理運営改革―日本の行方と諸外国の動向	江原武一 編著	三六〇〇円
大学経営・政策入門	東京大学 大学経営・政策コース編	二四〇〇円
大学経営とマネジメント	新藤豊久	二五〇〇円
大学戦略経営の核心	篠田道夫	三六〇〇円
戦略経営Ⅲ 大学事例集	篠田道夫	三六〇〇円
大学戦略経営論	篠田道夫	三四〇〇円
カレッジ(アン)バウンド―米国高等教育の現状と近未来のパノラマ	J・J・セリンゴ著 船守美穂訳	三四〇〇円
中長期計画の実質化によるマネジメント改革		三六〇〇円
米国高等教育の拡大する個人寄付	福井文威	三六〇〇円
大学の財政と経営	丸山文裕	三三〇〇円
私立大学マネジメント	(社)私立大学連盟編	四七〇〇円
私立大学の経営と拡大・再編―一九八〇年代後半以降の動態	両角亜希子	四二〇〇円

〒113-0023 東京都文京区向丘1-20-6
TEL 03-3818-5521 FAX 03-3818-5514 振替 00110-6-37828
Email tk203444@fsinet.or.jp URL:http://www.toshindo-pub.com/

※定価：表示価格（本体）＋税

東信堂

溝上慎一 監修 アクティブラーニング・シリーズ（全7巻）

学びと成長の講話シリーズ

① アクティブラーニングの技法・授業デザイン 水野正朗編 一六〇〇円
② アクティブラーニングとしてのPBLと探究的な学習 成田秀夫編 一八〇〇円
③ アクティブラーニングの評価 石松成田溝井下英佳夫・佳代・真夫編 一六〇〇円
④ 高等学校におけるアクティブラーニング：理論編（改訂版） 溝上慎一編 一六〇〇円
⑤ 高等学校におけるアクティブラーニング：事例編 溝上慎一編 一六〇〇円
⑥ アクティブラーニングをどう始めるか 成田秀夫 一六〇〇円
⑦ 失敗事例から学ぶ大学でのアクティブラーニング 亀倉正彦 一六〇〇円

① アクティブラーニング型授業の基本形と生徒の身体性 溝上慎一 一八〇〇円
② 学習とパーソナリティー―「あの子はおとなしいけど成績はいいんですよね」をどう見るか 溝上慎一 二四〇〇円

大学生白書2018
―今の大学教育では学生を変えられない 溝上慎一 二八〇〇円

アクティブラーニングと教授学習パラダイムの転換
―グローバル社会における日本の大学教育
―全国大学調査からみえてきた現状と課題 河合塾編著 三八〇〇円

大学のアクティブラーニング
―全国大学の学科調査報告とカリキュラム設計の課題 河合塾編著 三二〇〇円

「学び」の質を保証するアクティブラーニング
―3年間の全国大学調査から 河合塾編著 二八〇〇円

「深い学び」につながるアクティブラーニング
―全国大学の学科調査報告とカリキュラム設計の課題 河合塾編著 二〇〇〇円

アクティブラーニングでなぜ学生が成長するのか
―経済系・工学系の全国大学調査からみえてきたこと 河合塾編著 二八〇〇円

附属新潟中式「3つの重点」を生かした確かな学びを促す授業
―教科独自の眼鏡を育むことが、「主体的・対話的で深い学び」の鍵となる！ 新潟大学教育学部 附属新潟中学校 編著 二〇〇〇円

社会に通用する持続可能なアクティブラーニング
―ICEモデルが大学と社会をつなぐ 土持ゲーリー法一 二〇〇〇円

ポートフォリオが日本の大学を変える
―ティーチング/ラーニング/アカデミック・ポートフォリオの活用 土持ゲーリー法一 二五〇〇円

ティーチング・ポートフォリオ 授業改善の秘訣 土持ゲーリー法一 二〇〇〇円

ラーニング・ポートフォリオ 学習改善の秘訣 土持ゲーリー法一 二五〇〇円

〒113-0023 東京都文京区向丘1-20-6 TEL 03-3818-5521 FAX03-3818-5514 振替 00110-6-37828
Email tk203444@fsinet.or.jp URL:http://www.toshindo-pub.com/

※定価：表示価格（本体）＋税

東信堂

マナーと作法の社会学	加野芳正編著	二四〇〇円
マナーと作法の人間学	矢野智司編著	二〇〇〇円
教員養成を哲学する―教育哲学に何ができるか	下司晶・古屋恵太・林泰成・山名淳編著	四二〇〇円
大学教育の臨床的研究―臨床的人間形成論の構築―臨床的人間形成論第I部	田中毎実	二八〇〇円
臨床的人間形成論の構築―臨床的人間形成論第2部	田中毎実	二八〇〇円
君は自分と通話できるケータイを持っているか―「現代の諸課題と学校教育」講義	小西正雄	二〇〇〇円
教育文化人間論―知の逍遥/論の越境	小西正雄	二四〇〇円
アメリカ、間違いがまかり通っている時代―公立学校の企業型改革への批判と解決法 アメリカの挑戦	D・ラヴィッチ著 末藤美津子訳	三八〇〇円
教育による社会的正義の実現―(1945-1980)	D・ラヴィッチ著 末藤美津子訳	五六〇〇円
学校改革抗争の100年―20世紀アメリカ教育史	D・ラヴィッチ著 末藤・宮本・佐藤訳	六四〇〇円
生活世界に織り込まれた発達文化	柿内真紀・関内啓子編	二八〇〇円
ヨーロッパ近代教育の葛藤―人間形成の全体史への道 地球社会の求める教育システムへ	太田美幸編	三二〇〇円
教育哲学問題集―教育問題の事例分析	宇佐美寛	二八〇〇円
教育哲学	宇佐美寛	二四〇〇円
[新訂版] 大学の授業	宇佐美寛	二五〇〇円
大学授業の病理―FD批判	宇佐美寛	二五〇〇円
授業研究の病理	宇佐美寛	二六〇〇円
大学授業入門	宇佐美寛	一九〇〇円
作文の論理―〈わかる文章〉の仕組み	宇佐美寛編著	二〇〇〇円
作文の教育―〈教養教育〉批判	宇佐美寛	二〇〇〇円
問題形式で考えさせる視写の教育―〈からだ〉に読み書きさせる	大田邦郎	二四〇〇円
文字を手書きさせる教育―「書写」に何ができるのか	池田久美子	二四〇〇円
	鈴木慶子	

〒113-0023 東京都文京区向丘1-20-6
TEL 03-3818-5521 FAX03-3818-5514 振替 00110-6-37828
Email tk203444@fsinet.or.jp URL:http://www.toshindo-pub.com/

※定価：表示価格（本体）＋税